堀井純二編著

訳註　報徳外記

国学研究叢書

錦正社

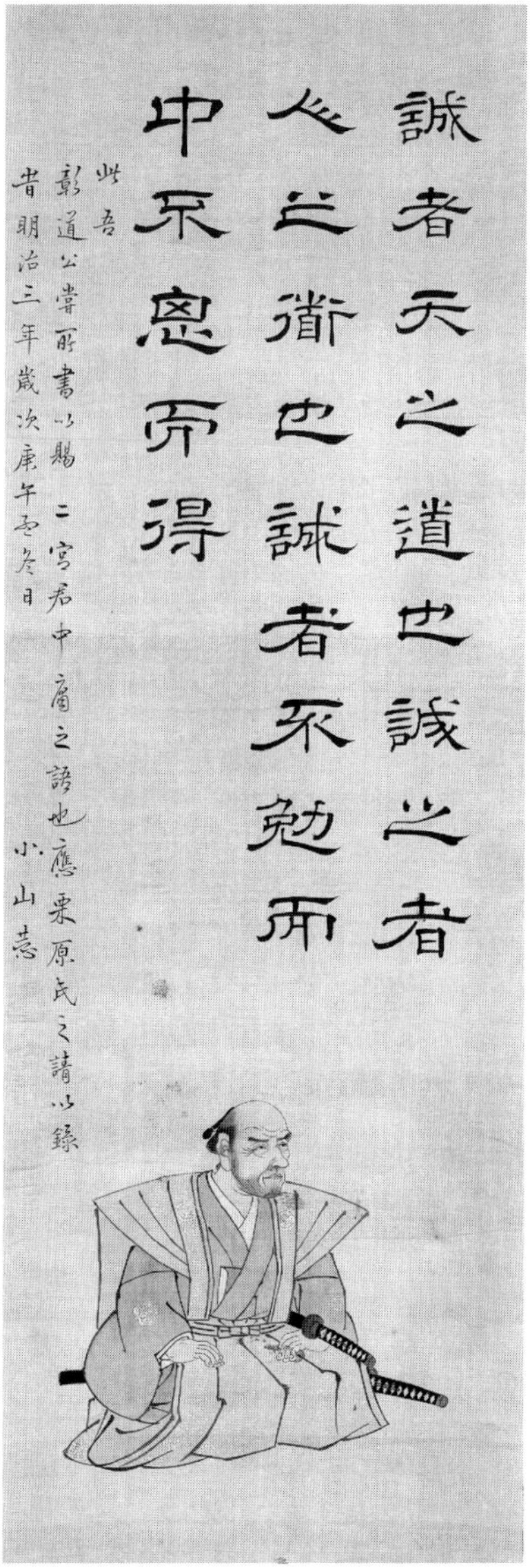
誠者天之道也誠之者
人之道也誠者不勉而
中不思而得
此吾
彰道公嘗所書以賜二宮君中庸之語也應栗原氏之請以録
昔明治三年歳次庚午季冬日
小山志

岡本秋暉筆尊徳坐像　（報徳博物館蔵）

訳註 報徳外記 目 次

巻之下

凡例

一、本書は、斎藤高行の著した『報徳外記』の、書き下し文に〈訳文〉及び〈語義〉を添え、最後に『解説』を添えたものである。

二、本書の原文は漢文であるが、底本には、『二宮尊徳全集』本（全集三六巻）を用い、書き下し文には『日本学叢書』本（『叢書』一三巻、松本純郎校訂・註釈）を、また現代語訳には『訳注報徳外記』（『現代版報徳全書』六巻、佐々井典比古訳注）を参照した。

三、本書はもと漢文で書かれており、その書き下し文も難解な面が多い。そこで書き下し文を読むための手引として、〈訳文〉及び〈語義〉を添え、理解に便なるようにした。

四、書き下し文は概ね正漢字、歴史的仮名遣いとし、むつかしい漢字にはルビ（現代仮名遣い）をつけた。

五、解説は、まず二宮尊徳の一生を概観し、次いで斎藤高行の小伝を載せ、最後に『報徳外記』の内容について略述した。

訳註　報徳外記

報徳外記　巻之上

斎藤高行　選述

序

我が道は分度に在り。分たるは天命の謂《い》ひなり。度たるは人道の謂ひなり。分定まり度立ちて譲道生ず。譲たるは人道の粋《すい》なり。身たるや、家たるや、国たるや、天下たるや、譲道を失ひて衰へざるもの、未だ之《こ》れ有らざるなり。分度を失ひて亡びざるもの、未だ之れ有らざるなり。神聖、草莱《そうらい》を辟《ひら》きたまふは推譲に在るなり。王侯、邦家《ほうか》を保つは分度に在るなり。蓋《けだ》し推譲は、創業の道なり。分度は、守成の道なり。身たるや、家たるや、国たるや、天下たるや、推譲に因《よ》りて興らざるもの、分度に因りて保たれざるもの、未だ之れ有らざるなり。然り而して天下滔々《とうとう》として衰亡を免《まぬか》れざるは何ぞや。挙息《きょそく》、人に在ればなり。此の篇も亦、人有りて或いは取るもの有らんや。

〈訳文〉

私の道は分度にある。分というのは天命のことである。度というのは人道のことである。分度が定まり立って譲道が生まれる。譲道こそは人道の最も優れたものである。一身でも、一家でも、国家でも、天下でも、譲道を失って衰えないものはなく、分度を失って亡びないものはない。神聖が草原を開いて田地とされたのは推譲によったのであり、王侯が国家を保つのは分度によるのである。考えてみるに、推譲は創業の道であり、分度は守成の道である。一身でも、一家でも、国家でも、天下でも、推譲によって興らないものはなく、分度によって保たないものはない。しかるに天下滔々として衰亡を免れないのは何故であるか。それはこの道を用いるか息めるかが人にかかっているからである。此の一篇もまた、しかるべき人物によって、或いは採用されることもあろうか。

〈語義〉

○分度……天より与えられた一切の能力素材（分）を本当に理解し、自己の立場を明らかにする（度）こと。尊徳の孫の尊親は『報徳分度論』において「分に従て度を立つるの意義なり。故に分は自然にして天命に属し、度は作為にして人道に属す。此自然の県分に依りて歳出を節制す。之を分度を立つると云ふ。換言せば、生産を定限するにあらずして、不生産的消費の程度を定め、其余を推譲するものなり。」と述べている。　○天命……宇宙の大法則。天道。　○人道……人間が自らの能力素材（分）を発揮し尽くすことをいう。　○譲道……推譲の道、自己の分度を明らかにし、天地人三才の徳に報いるため、自己の分度に立脚し、余りを他に譲ることにより、そのもの自体の徳を発揮させること。　○神聖……清らかで少しも穢れがなく、霊妙で尊い権威、ここでは天照大神を指すのであろう。尊徳翁の歌に「ふる道に　積もる木の葉を　かきわけて　天照神の　あし跡を見む」とあり、翁の高弟福住正兄は、此の歌に註して「故道とは、天照皇大神の大道、即ち日本の道なり。木の葉とは、儒仏をはじめ、諸子百家の道々の書籍をたとえていへるなり。百家の道々は皆な末の末なる枝道なれば（中略）百家の道々の木の葉が、天照皇大神の古道の上に落積って、古道を埋めて、而して道の形をなして居るゆゑなれば、その年久しく落積りし百家の道々の木の葉をかきわけて、真の大道、天照す大神の御踏み遊ばれし、御あとを顕して、世に示さんと言ふ心の歌なり。」と説いている。
○草莱《そうらい》……荒れ果てたくさむら。　○王侯……国王や諸侯、日本では天皇や大名となる。　○創業……新しく事業を始めること。　○守成……創業のあとを受け継いで基礎を守り固めること。　○滔々《とうとう》……水が勢いよく流れる様子。　○挙息……採用するかやめるか。

第一　命分

天地の剖判《ほうはん》たるや、天は尊く地は卑《いや》し。日月星辰、山澤河海《さんたくかかい》、萬世《ばんせい》に亘《わた》りて而《しか》も易《かわ》らざるは天地自然の命分なり。其の間に生まれる者は、人なり。禽獣なり。虫魚なり。草木なり。自《おの》づから命分ありて存す。其の或いは小さく、或いは大きく、或いは卑湿《ひしつ》に生じ、或いは高乾《こうかん》に生ず。花を開くもの有り、実を結ぶもの有り。或いは花無きもの有り、実無きもの有り。此れ草木の命分なり。其の或いは裸《はだか》、或いは羽《はね》をもち、或いは鱗《うろこ》をもち、或いは介《かい》となる。黄泉《こうせん》に生じ、草木《そうもく》に生じ、川澤《せんたく》に生じ、江海《こうかい》に生ず。朝《あした》に生まれ夕《ゆうべ》に死するものあり、春秋を知らざるものあり、萬歳《まんさい》を保つものあり。此れ虫魚《ちゅうぎょ》の命分なり。其の羽にして飛び、蹄《ひづめ》にして走り、觜《し》角《かく》有り、爪牙《そうが》有り、或いは洲渚《しゅうしょ》に生じ、或いは丘陵に生じ、或いは原野に生じ、或いは山林に生じ、或いは川海に生ず。此れ禽獣の命分なり。千態萬《せんたいばん》状《じょう》、同じからざる有りと雖も、各々天地自然の命分にして、而して易ふ可《べ》からざるは則ち一なり。其の卑湿に生ずるものは卑湿に止まり、高乾に生ずるものは高乾に止まり、花実有るものは花実あるに任せ、根葉《こんよう》有るものは根葉あるに任せ、以て生活を為すは草木の道なり。其の草木に生ずるものは草木に止まり、黄泉に生ずるものは黄泉に止まり、河澤江海に生ずるものは河澤江海に止まり、裸は裸に任《まか》せ、羽は羽に任せ、鱗介《りんかい》は鱗介に任せ、以て生活を為すは虫魚の道なり。其れ洲渚に生ずるものは洲渚に止まり、丘陵原野に生ずるものは丘陵原野に止まり、山林河海に生ずるものは山林河海に止まり、觜角有るものは觜角あるに任せ、爪牙有るものは爪牙あるに任せ、以て生活を為すは禽獣の道なり。是れ皆、天命に随《したが》ひ天分に随ひて、生活を為す者なり。若し夫れ天命に乖《そむ》き天分に戻《もと》り、草木湿乾を易へ、虫魚禽獣山澤河海を易へなば、則ち其の生活を全《まっと》ふすること能《あた》はざるなり。草木虫魚禽獣、既に然り。況《いわ》んや人倫《じんりん》に於《お》てをや。夷狄《いてき》に生まるるも命《めい》なり。皇国に生まるるも命なり。或いは都会に生まれ、或いは辺陲《へんすい》に生まるるも命なり。或いは天子の尊《そん》に生まれ、或いは諸侯の強《きょう》に生まれ、或いは大士夫の家に生まれ、或いは農工商賈《のうこうしょうか》の賤《せん》に生まるるも皆命なり。或いは男と為り女と為《な》り、賢と為り愚と為り、強と為り弱と為るも亦命なり。其の天子に生まれませば則ち四海を保《たも》たせたまふ、是れ分なり。其の諸侯に生まるれば則ち封国《ほうこく》を有《たも》つ、是れ分なり。其の大士夫《たいしふ》に生まるれば則ち禄俸《ろくほう》を有つ、是れ分なり。其の農工商賈に生まるれば則ち田畝を有ち職業を有つ、是れ分なり。其の男にして娶《めと》り、女にして嫁《よめい》り、賢強にして率《ひきした》へ、愚弱《ぐじゃく》にして従ふも、亦是れ分に非ざるもの莫《な》し。天子の命を奉じたまひて四海の分を守らせられ、以て天下を平らかにしたまふ。諸侯の命を奉じ封国の分を守り、以て其の国を治め、大士夫の命を奉じ禄俸の分を守り、以て其の家を齋《ととの》へ、農工商賈の命を奉じ田畝職業の分を守り、以て其の身を脩《おさ》め、男女愚賢強弱の命を奉じ嫁娶率従《かしゅそつじゅう》の分を守り、以て各々《おのおの》其の生を遂《と》ぐ、是れ人倫の道なり。蓋《けだ》し天地既に判《わか》れて、而して尊卑《そんぴ》変らず、覆載易《ふくさいかわ》らず、日月運行し、一寒一暑し、萬物を生滅《せいめつ》して而して息《や》まざるもの、乾《けん》は健にして坤《こん》は順に、天地も亦其の命分を失はざるものなり。是の故に、凡そ両間に在る者は、草木虫魚禽獣と雖もその命分に随ひて生息せざるを得ず。況《いわ》んや人倫たるもの、焉《いず》んぞ其の命に随ひて其の分を守らざる可《べ》けんや。

〈訳文〉

第一　命分

天と地が分かれてから、天は高く地は低く、天には日月星辰、地には山沢河海が存在し、万世にわたって易らないのは、天地自然の命分である。その間に生まれるものは、人でも鳥獣でも、草木でも、おのずから命分というものがあるのである。草木では、或いは小さく或いは大きく、或いは湿地に生じ、或いは高い乾燥地に生じ、花を開くものもあり、実を結ぶものもある。或いは花の無いものもあれば、実の無いものもある。これが草木の命分である。虫魚では、或いは裸のものがあり、或いは羽をもち、或いは鱗をもち、或いは貝殻をかぶるものもある。地中に生まれ、草木に生まれ、川沢に生まれ、江海に生まれるものもある。朝生まれて夕方に死ぬものもあり、春秋を知らないものもあれば、万歳を保つものもある。これが虫魚の命分である。鳥獣では、羽で飛び、蹄で走るものもあれば、觜や角があり、爪や牙を持つものもある。或いは水辺に生まれ、或いは丘陵に生まれ、或いは山林に生まれ、或いは河海に生まれる。これが禽獣の命分である。千態万状であり、同じものは無いけれども、各々天地自然の命分であって易えることが出来ないことは同一である。それ故に、湿地に生まれるものは湿地に止まり、乾燥地に生ずるものは乾燥地に止まり、花実の有るものは花実に任せ、根葉有るものは根葉に任せて生活をするのが草木の道である。草木に生まれるものは草木に住み、地中に生まれるものは地中に住み、河沢江海に生まれるものは河沢江海に住み、裸のものは裸に任せ、羽の有るものは羽に任せ、鱗や貝の有るものは鱗や貝に任せて生活をするのが虫魚の道である。水辺に生まれるものは水辺に住み、丘陵原野に生まれるものは丘陵原野に住み、山林河海に生まれるものは山林河海に住み、觜や角の有るものは觜や角に任せ、爪や牙の有るものは爪や牙に任せて生活をするのが鳥獣の道である。これらは皆、天命に随って生活をするものである。

もしも天命に背き、天命に悖《もと》り、草木が湿地と乾地を易え、虫魚や鳥獣が山沢河海の住処を易えれば、その生活を全うすることはできない。草木・虫魚・鳥獣でもそうである。ましてや人間にあっては尚更である。外国に生まれるのも命である。皇国に生まれるのも命である。或いは都会に生まれ、或いは田舎に生まれるのも命である。或いは天子の尊きに生まれ、或いは諸侯の家に生まれ、或いは武士の家に生まれ、或いは農工商人の家に生まれるのもすべて命である。或いは男女、賢愚、強弱の別があるのもまた命である。そして天子に生まれれば四海を保たれるのが分である。諸侯に生まれれば封国を保つのが分である。武士に生まれれば俸禄を保有するのが分である。農工商人に生まれれば田畝を持ち職業を持つのが分である。男は妻を娶り、女は夫に嫁し、賢強な者は統率し、愚弱な者は従属する、すべて分で無いものはない。それ故に天子としての命を奉じて四海の分を守って天下を平らかにせられ、諸侯としての命を奉じて封国の分を守ってその国を治め、武士としての命を奉じて俸禄封土の分を守ってその家を斉え、農工商人としての命を奉じて田畝職業の分を守ってその身を修め、男女賢愚強弱の命を奉じて嫁娶率従の分を守って各々その生を遂げる。これが人間の道である。蓋し天地が分かれて、天は高くして万物を覆い、地は低くして万物を載せ、日月が運行し、寒暑が正しく往来し、万物を生滅して止むことが無いのは所謂「乾は健にして坤は順」ということであって、天地もまたその命分を失わないものである。此の故に、天地の間にある総てのものは、草木・虫魚鳥獣までもその命分に随って生息せざるを得ないのである。ましてや人間たるものが、その命に随ってその分を守らないでおられようか。

〈語義〉

○剖判《ほうはん》……物がわかれること、ここでは天地の始まり（開闢）のこと。　○卑湿……土地が低くて湿気のある処。　○高乾……土地が高くて乾燥した処。　○鱗……魚類や爬虫類に見られるような身体の表面を蔽うもの。　○介《かい》……貝に同じ、下等動物の体軀をおおう外甲のこと。　○黄泉《こうせん》……地下の泉。　○觜角《しかく》……くちばしやつの。　○爪牙《そうが》……つめやきば、　○洲渚《しゅうしょ》……なぎさ。　○千態萬状……いろいろさまざまな状態。　○河澤江海……河や沢や入江や海。　○丘陵原野……小起伏の低山性の山地や野原。　○山林河海……山や林や河や海。　○天命に乖《そむ》き天分に戻《もと》り……宇宙の大法則に逆らい、天から与えられた分限に逆らうこと。　○人倫……人間の意味。倫は仲間。さらに人と人とは仲間として連関を持つ事から、その連関の仕方、在り方である道義道徳をも指す。　○夷狄……外国、外国人のこと。　○皇国……日本のこと、日本は天皇により、統治される国である事から皇国という。　○辺陲……国のはて、ここでは田舎のこと。　○天子の尊……天皇のこと、尊をつけているのは、天皇は尊い位におられることからである。　○諸侯の強……大名のこと。　○大士夫の家……家老以下の武士階級のこと。　○農工商賈の賎……農業・工業・商業を営む者のこと。　○四海を保たせたまふ……四つの海に囲まれた日本を治められること。　○封国……大名の領国　○禄俸……給与のこと。　○田畝……田畑のこと。　○職業……工商の様々の職業　○嫁《か》娶《しゅ》率《そつ》従《じゅう》……嫁入りすることと相率いて服従すること。　○尊卑変らず、覆載易らず……天地は天が高く、地は低く、天は上にあって地を載せ、地は下にあって天を載せる。この上下覆載の関係は絶対であり、永遠に替わる事がない。　○乾は健にして坤は順に……乾は陽であり天であって、すこやかであり、坤は陰であり、地であって、すなおであり乾に順う性質を持つ。

第一　分度（上）

天地既に命分有り。人倫も亦命分有り。是れ固《もと》より天理必至の符、一定して易ふ可からざるものなり。夫れ其の命に循《したが》ひ其の分を守るは人道の本なり。分を守るに道あり。度を立つる是れなり。度を立つるに道あり。節制是れなり。凡そ国用を制する、一歳の入を四分して其の三を用ひ、其の一を余し以て儲蓄《ちょちく》と為《な》す。其の三を用ふるに道有り。均《ひと》しく分《わ》かちて十二と為し一月の用度を得、又分かちて三十と為し一日の用度を得るなり。其の節制する所の天禄度数、決して易ふ可からざるは亦た天地自然の命分なり。夫れ天地の草木を生ずるや、春之を生じ夏之を長じ、秋之を収めて冬之を蔵す。蓋《けだ》し春生じ夏長じ秋収めるは三時を用ふるなり。冬蔵すは一時を蓄《たくわ》ふるなり。天地何ぞ三時を用ひ一時を蓄ふるや。蓄へざれば則ち復た生ずる能はざればなり。然らば則ち三を用ひ一を蓄ふるは天地の道なり。聖人之に法《のっと》り、四分の制度を設け、其の三を用ひ其の一を蓄ふ、故に三年にして一年の儲蓄を生じ、九年にして三年の儲蓄を生じ、三十年の通を以て九年の儲蓄を生ず。国九年の儲蓄有り、而《しか》る後に凶旱水溢《きょうかんすいいつ》有りと雖も、民采色《さいしょく》無きなり。夫れ天に水旱饑荒《すいかんきこう》の災《さい》有り、地に震崩決溢《しんほうけついつ》の妖《よう》有り。人に寇盗乱賊《こうとうらんぞく》の害有り。是れ皆国家不慮《ふりょ》の患《かん》なり。必ずしも歳ごとに有らずと雖も、而も数歳の間必ず作《おこ》る。この時に当たりてや、事小なれば則ち一年の積《せき》を用ひ、大なれば則ち三年の積を用ふ。若し幸ひにして其の患無きも亦た軍旅征役《ぐんりょせいえき》、国家時に有り。苟《いやしく》も府に儲《ちょ》あり、廩《りん》に蓄有るに非ざれば何を以て其の費《ひ》に供《きょう》せん。若《も》し以て其の費に供する無ければ、則ち必ず諸《こ》れを民に取る。是れ暴歛《ぼうれん》の始めなり。暴歛して而も足らざれば則ち必ず諸れを人に假《か》る。是れ假貸《かたい》の始めなり。夫れ暴歛は流氓《りゅうぼう》の為に租額を減じ、假貸は利贏《りえい》の為に租額を減ず。租額内に減じて災害外に来たらば、則ち国用愈《いよい》よ足らず、国用愈よ足らざれば則ち假貸愈よ生ず。国用愈よ不足し、假貸愈よ生ずれば、則ち何を以てその負債を償《つぐな》ふ可けんや。負債償はざれば、則ち利贏啻《ただ》に倍蓰《ばいし》するのみならず。其の極は数歳の入《にゅう》を盡《つ》くすとも亦償ふ可からず。夫れ是《かく》の如《ごと》くんば、則ち士民有りと雖も而も蓄有る可からず、仁義有りと雖も行ふ可からず、邦家有りて而も保《たも》つ可からず、城郭有りて而も守る可からず。此れ邦君諸侯の名有りて而も其の実無きなり。故に曰く、国に九年の蓄無きを不足と曰ひ、六年の蓄無きを急と曰ひ、三年の蓄無きを、国其の国に非ずと曰ふなりと。豈《あ》に危殆《きたい》ならずや。聖人斯《ここ》に見る有り、王制の法を立て、予《あらかじ》め不慮《ふりょ》に備《そな》ふ。乃《すなわ》ち管子の論ずる所にして、千古不易、確固として抜く可からざるものなり。国家を保つ者、庸《なん》ぞ其の命分に循ひて其の制度を守らざる可けんや。

〈訳文〉

第二　分度（上）

天地に既に命分がある。人間にも亦命分がある。これは固より天理必至の符であって、一定して易えることのできないものである。そこでその命に従い、その分を守るのが人道の本である。分を守るのに道がある。度を立てることである。度を立てるのに道がある。節制することである。凡そ国用を制するには、一年の歳入を四分して、その三を用い、その一を余して貯蓄とする。その三を用いるのに道がある。十二に均等して一ヶ月の用度とし、それを亦三十に分かって一日の用度とする。こうして節制した所は天録の度数であり、決して易えるべからざるものであり、これまた天地自然の命分である。

凡そ天地が草木を生ずる仕方を見ると、春に芽生えさせ、夏に成長させ、秋に収穫させ、冬は貯蔵させる。つまり春生じ夏長じ秋収むるというのは、三つの季節を用いることである。冬蔵すというのは、一つの季節を用いずにおくということである。天地は何故三期を用いて一期を蓄えるのであろうか。それは蓄えなければ、また生ずることができないからである。してみれば三を用いて一を蓄えるというのは天地の道である。聖人はこれに準拠して四分の制度を設け、その三を用いその一を貯えることにしたのである。その故に、三年たてば一年分の貯蓄ができ、九年たてば三年分の貯蓄ができ、三十年を通じて九年の貯蓄ができるのである。国に九年の貯蓄ができたなら、凶作・旱害・水害があっても国民が饑饉の苦しみを受けることは無い。

凡そ天には水害・旱害・凶作饑饉、地には地震・地崩れ・堤防の決壊、人には盗賊・反乱の害がある。これらは皆国家の不慮の災患であって、必ずしも毎年あるということでは無いけれども、数年の間には必ず起こるものである。此の時に当たって、事態が小さければ一年の貯蓄を用い、大きければ三年の貯蓄を用いる。もし幸いにしてその災患が無いとしても、国家には時にまた軍事戦役がある。いやしくも国庫に貯蓄が無ければ、何を以てその費用に供し得よう。もしもその費用が無ければ、必ずこれを国民から徴集することになる。これが重税搾取の始めである。重税を取って足りなければ、必ず不足分を他から借り入れる。これが借財の始めである。凡そ重税を取れば、人々は離反し、その為税額は減じ、借財は利子の為に税収を減ずることになる。税収が内に減じて、災害が外から来たならば、国用はいよいよ不足する。国用がいよいよ不足すれば借財は益々生ず。国用がいよいよ不足し、借財が益々生ずれば、何によってその負債を償い得ようか。負債が償われなければ、利子が倍加するどころでは無くその極は数年の歳入を尽くしても償い得ないようになる。このようになれば、武士や人民があっても養うことはできず、仁義の気持ちがあっても行うことができず、国家があっても保つことができず、城郭はあっても守ることができない。これでは邦君諸侯の名があってもその実は無いと云わねばならない。それ故に「国に九年の蓄え無きを不足と云い、六年の蓄え無きを急と云い、三年の蓄え無きを国その国に非ず」と云う。何ともはや危ういことではないか。聖人はこれに鑑みて王制の法を立てて、予め不慮に備えることとした。則ち管子の論ずる所であって、千古不易、確固として抜く可からざるものである。国家を保つ者は、どうしてその命分に従って、その制度を守らないでおられようか。

〈語義〉

○天理必至の符……天地自然の道理として必ずそうなるしるし。○節制……放縦に流れないように理性で欲望を制御すること。○国用……国家の費用。○儲蓄……貯蓄に同じで、蓄えること。○用度……必要とする費用。○天禄度数……天から定められた恵みの量。○凶旱水溢《きょうかんすいいつ》……ひでりと洪水。○采色……顔色、ここでは顔色が変わることをいう。○水旱饑荒の災……洪水や旱魃により穀物が熟さず、果物が熟さないこと。○震崩決溢の妖……地震や地崩れ、堤防の決壊などの自然の災い。○寇盗乱賊の害……盗賊や反乱などによる損害。○国家不慮の患……国家の予想しない災い。○一年の積……一年分の貯蓄。○軍旅征役……戦争。○府……宮廷の倉庫。○儲……貯蓄に同じ。○廩《りん》……米くら。○蓄……貯蓄に同じ。○其の費……水旱饑荒・震崩決溢・寇盗乱賊・軍旅征役に対処するための費用。○暴斂《ぼうれん》……租税をみだりに取り立てること。苛斂誅求。○假る……借りる。○假貸《かたい》……貸し借り。○流氓《りゅうぼう》……乱世または誅求の甚だしい時、故郷を離れて他国にさすらう民のこと。○租額……租税収入のこと。○利贏《りえい》……利息。○負債……借金。○償ふ……借財をうめあわせること。○倍蓰《ばいし》……倍は二倍、蓰は五倍のことで、数倍のこと。○士民……武士や農・工・商民。○仁義……慈しみの心。○邦家……国家。○城郭……

しろ。　○邦君諸侯の名……国王や大名という名目。　○九年の蓄無きを不足と曰ひ、六年の蓄無きを急と曰ひ、三年の蓄無きを、国其の国に非ずと曰ふなりと……『礼記』王制篇の言葉。　○危殆《きたい》……あやういこと。　○王制の法……古代聖人の定めた制度である王制四分の法のことであり、一年の収入を四分し、その三をして一年の費用とし、残りの四分の一を貯蓄に充てて、非常の時の費用にすること。　○不慮……思いがけないこと。　○管子の論ずる所……『管子』国蓄篇に見える。　○千古不易……永久にかわらないこと。

第三　分　度（中）

夫れ分度は人道の本《もと》にして、勤怠倹奢譲奪貧富盛衰治乱存亡《きんたいけんしゃじょうだつひんぷせいすいちらんそんぼう》の由《よ》りて生ずる所なり。其の分に循《したが》ひて其の度を守る、之《これ》を勤と謂ふ。其の度を約して有余を生ぜしむ、之を倹と謂ふ。有余以て諸《こ》れを他に及ぼす、之を譲と謂ふ。勤にして倹、倹にして譲、之を富盛と謂ふ。国家富盛を得れば則ち治まる。治まれば則ち存す。其の分に循《したが》ひて其の度を守らざる、之を怠《たい》と謂ふ。其の度を越えて不足を生ず、之を奢《しゃ》と謂ふ。不足以て諸《こ》れを他に取る、之を奪と謂ふ。怠にして奢、奢にして奪、之を衰貧と謂ふ。国家衰貧を得れば則ち乱る。乱るれば則ち亡ぶ。此れに由りて之を観れば、国家の治乱存亡は貧富盛衰に在り。貧富盛衰は勤怠倹奢に在り。勤怠倹奢は分度に生ずるなり。蓋《けだ》し勤怠倹奢の人身に於けるは猶《な》ほ四時《しじ》錯行《さっこう》の如く、治乱盛衰の国家に於けるは猶ほ寒暑往来の如くなり。夫れ春生じて夏長じ、秋収めて冬蔵するは四時の循環なり。貧困極まつて勤倹生じ、勤倹積んで富優至り、富優溢れて奢怠生じ、奢怠流れて貧困に復《かえ》るは、人身の循環なり。寒《かん》往けば則ち暑《しょ》来たり、暑往けば則ち寒来たり、盛治極むれば則ち衰乱生じ、衰乱極むれば則ち盛治に反る。四時の錯行に因《よ》りて寒暑を為し、勤怠倹奢に因りて治乱盛衰を為すは、天運自然の道なり。故に治乱盛衰は循環《じゅんかん》して止《や》まざるなり。然《しか》らば治乱盛衰は終《つい》に免《まぬか》る可からざるものか。曰く、循環自然は天の道にして自ら強めて之を保《たも》つは人の道なり。天道に委《い》すれば盛衰治乱の循環すること猶ほ寒暑速やかに至るが如く、人道に循《したが》はば則ち盛富を保ち衰貧の患《わずら》ひ無し。何をか人道と謂ふ。中庸の分度是れなり。何をか中庸の分度と謂ふ。既往《きおう》の天録を繹《たば》ね、数十年の通を以て盛衰貧富を均《ひと》しふし、其の中を執り以て分度を立つるなり。蓋《けだ》し盛衰貧富は中《ちゅう》に非《あら》ず。故に人民盛治富優に逢《あ》はば則ち奢怠に溺《おぼ》れ、衰乱貧困に逢はば則ち飢寒に苦しむこと、猶《な》ほ人身寒暑二節に逢はば寒熱二気に苦しむが如きなり。寒暑盛衰は一なり。其の一たび分かれて偏《へん》を為す。偏なるが故に寒暑盛衰有り。偏有るものは必ず中有り。寒暑を均しふして春秋二分の節を得。人身此の節に逢ふや則ち安し。盛衰貧富を均しふして中庸の分度を得。国家中庸の分度を守らば、則ち治まる。何ぞや、中は正道にして庸は定理なればなり。其の定理を辨《わきま》へて其の正道を守る。故に勤倹にして労苦に至らず、逸楽《いつらく》にして奢怠に至らず、国家永く衰貧乱亡の患無きなり。然らば則ち寒暑往来し四時循環するは天道にして、中庸の分度を守り自ら強めて息《や》まざるは人道なり。ああ、寒暑往来の地に生まれ、盛衰循環の世に処する者、豈《あ》に其の道に由らざるを得んや。

〈訳文〉

第三　分度（中）

凡そ分度は人道の本であって、勤怠・倹奢・譲奪・貧富・盛衰・治乱・存亡の因って生ずる所である。その分に従ってその度を守ることを勤と云い、その度をつづめて余財を生じるのを倹といい、余財を他に及ぼすことを譲と云う。勤であって倹、倹であって譲であれば富盛となる。国家が富盛になれば治まり、治まれば存続する。その分に従って度を守らないことを怠と云い、その度を越えて不足を生じることを奢と云い、不足分を他から取ることを奪と云う。怠であって奢、奢であって奪であれば衰貧となる。国家が衰貧となれば乱れ、乱れれば滅亡する。これによって観れば、国家の治乱存亡は貧富盛衰に在る。貧富盛衰は勤怠倹奢に在る。勤怠倹奢は分度に生じるのである。考えるに勤怠倹奢は四季が代わる代わる運行するように人身に廻り、治乱盛衰は寒暑が往来するように国家に廻る。春生じ夏長じ、秋収め冬蔵すというのは四時の循環である。貧困が極まって勤倹を生じ、勤倹を積んで富優となり、富優が溢れて奢怠が生じ、奢怠が流れて貧困に復るのは人身の循環である。寒さが往けば暑さが来、暑さが往けば寒さが来る。盛治が極まれば衰乱が生じ、衰乱が極まれば盛治に反る。四時の順行によって寒暑を生じ、勤怠倹奢によって治乱盛衰を生ずるのは天運自然の道である。それ故に治乱盛衰は循環して止むことがないのである。

それでは治乱盛衰はついに免れることはできないのであろうか。そうでは無い。循環自然は天の道であって、自ら強めて保っていくのは人の道である。天道に委ねれば盛衰治乱の循環は寒暑と同じように速やかであるが、人道に従えば盛富を保って衰貧の患いは無い。では人道とは何か。中庸の分度が是れである。中庸の分度とは何か。既往の天禄を調査して、数十年の通計を基にして、盛衰貧富を平均して、「其の中を執」って分度を立てるのである。考えるに盛も衰も貧も富も中ではない。それ故に人々は盛治富優に逢えば奢怠に溺れ、衰乱貧困に逢えば飢寒に苦しむ。それは丁度人体が寒暑二節に逢えば寒熱二気に苦しむようなものである。寒暑盛衰は一つのものである。その一つのものが分かれて偏《かたよ》ったのである。偏った為に寒暑盛衰が有るのである。偏ることのあるものは必ず中が有る。寒暑を平均すれば春分秋分の節が得られ、人はこの節に逢えば安らかである。盛衰貧富を平均すれば中庸の分度が得られる。国家は中庸の分度を守れば治まる。なぜか、中は正道であって庸は定理であるからである。その定理を弁えてその正道を守るから、勤倹して労苦に至ること無く、逸楽して奢怠に至ること無く、国家は永く衰貧乱亡の患いが無いのである。してみれば、寒暑が往来し、四時が循環するのは天道であって、中庸の分度を守って「自ら強めて息まざる」ものは人道である。ああ、寒暑往来の地に生まれて、盛衰循環の世に処する者が、どうしてその道に拠らないでおられようか。

〈語義〉

○勤怠……勤勉と怠惰。　○倹奢……倹約と奢侈。　○譲奪……譲ることと奪うこと。　○貧富……貧しいことと富むこと。　○盛衰……盛んなことと衰えること。　○治乱存亡……世の中が治まり国家が存続することと乱れて滅亡すること。　○富盛……富み盛んな様子。　○衰貧……衰え貧しい様子。　○四時《しじ》錯行《さっこう》……季節がかわるがわる運行すること。　○寒暑往来……寒さと暑さが行き来すること。　○四時の循環……季節がめぐること。　○貧困……貧しく苦しいこと。　○富優……富んで豊かなこと。　○奢怠……贅沢をし怠けること。　○盛治……国運が盛んで治まっていること。　○衰乱……国家が衰え乱れていること。　○天運自然の道……自然の回り合わせ。天命のこと。　○患……心配。　○中庸……かたよらず常にかわらないこと。　○既往の天録を繹《たば》ね……過去の天から与えられた恵みをまとめ、　○飢寒……飢えと寒さ。　○偏……かたよること。　○正道……正しいみち。　○定理……既に真であると証明された一般的命題。　○労苦……心身を苦しめること。　○逸楽……遊び楽しむこと。　○自ら強めて息まざる……『易経』に見える言葉。

第四　分　度（下）

道は聖人の生民《せいみん》の為に立つる所なり。之を江都《こうと》より京師《けいし》に至るの大路《おおじ》に譬《たと》ふれば、江都を出て京師に至る者は必ず焉《こ》れに由《よ》らざるを得ず。苟《いやしく》も之に由れば則ち山川《さんせん》百里を跋履《ばつり》して京師に至るや甚だ易し。若《も》し夫れ大路無ければ則ち数里と雖《いえど》も行く可からざるは何ぞや。嶮岨《けんそ》谿谷江河《けいこくこうが》有ればなり。即ち壮者有りと雖も、庸《なん》ぞ嶮岨に顛《たお》れ谿谷に陥《おちい》り江河に溺《おぼ》れざるを得んや。壮者猶《な》ほ然り、況んや老弱瞽躄《ろうじゃくこへき》をや、数歩にして且《か》つ行く可からず。況んや百里を歴《へ》て京師に至る可けんや。聖人之を憂《うれ》ひたまふ有りて、其の嶮岨に於けるや之を平らにし、其の谿谷に於けるや之を回《めぐ》らし、其の江河に於けるや之に橋つくり、之に舟わたし、以て大路を開き、以て行旅《こうりょ》を導きたまへり。苟《いやしく》も大路に由らば、則ち壮者は論ずる無く、老弱瞽躄と雖も晏然《あんぜん》として来往し、甚だ易《やす》ふして難《かた》きこと無きなり。夫れ人生は食するに非ざれば則ち生を養ふこと能《あた》はず、衣するに非ざれば則ち寒を禦《ふせ》ぐこと能《あた》はず、家屋あるに非ざれば則ち風雨雪霜《ふううせきそう》を庇《かば》ふこと能はざるなり。蓋《けだ》し上世《じょうせい》人道未だ立たざるときは禽獣と行《こう》を同じふし、鳥獣を食と為し、羽皮を衣となし、巣窟《そうくつ》を家と為し、僅《わず》かに飢寒《きかん》を免れ風雨を庇《かば》ふと雖も、然も奔走辛苦して一朝の寧《やす》きこと無かりき。若し夫れ風雨に逢ふときは則ち食を得ず、疾病に嬰《かか》るときは則ち食を得ず、老いて勤動すること能はざるときは則ち食を得ず、強暴なる者は柔弱なる者を脅《おど》かし、奸知なるものは愚蒙《ぐもう》なる者を欺《あざむ》くなり。是の故に愚なる者は愚ゆえに斃《たお》れ、弱き者は弱きゆえに斃れ、疾ある者は疾ゆえに死し、老ゆる者は老ゆえに死して、其の天年を全ふするを得ざりき。聖人之を憂へたまふ有りて、稼穡《かしょく》の道を立てて以て五穀を樹芸《じゅげい》せしめ、工匠《こうしょう》の道を立てて以て家屋を造らしめ、蠶織《さんしょく》の道を立てて以て衣服を製《つく》らしめたまへり。衣食居の道一たび立ちて生民始めて安息することを得たり。然り而して飽食暖衣《ほうしょくだんい》、逸居《いっきょ》して教《おしえ》無ければ則ち禽獣たるに近し。聖人又た之を憂ひたまふ有りて、五教を布《し》きて以て人倫を明らかにしたまへり。礼以て驕怠《きょうたい》を防ぎ、楽《がく》以て労倦《ろうけん》を慰《い》し、刑以て凶悪を懲《こら》らし、政《せい》以て四海を一にし、武以て四夷を威《おど》し、文以て仁澤《じんたく》を施《ほどこ》したまひ、生民を安《やす》んずる所以《ゆえん》の道至れり。此の道一たび立ちて、国家は治安し、鰥寡《かんか》孤《こ》独廢疾《どくはいしつ》の者と雖も、其の生養を安じ、其の天年を終はるを得たり。嗟乎《ああ》、聖人の民の為に慮《おもんぱか》りたまふ所以《ゆえん》のもの至れり、民の為に立てたまふ所以の道盡きたり。然り而して其の迹を観れば、則ち千緒萬端《せんちょばんたん》にして統括する所無きが如くなれども、而して其の本を極むれば則ち一に教養に帰す。而して教養の道は分度に在るのみなり。上は王侯従《よ》り下は庶人に至るまで、各々其の天録に因《よ》りて、春秋四分し、三百有六旬以て之を節制し、其の分を謹み其の度を守るなり。蓋し生養持盈《せいようじえい》の道は、之を舎《お》きて他に道有ること無し。其れ期年は元日より徐日に至ること、猶ほ江都より京師に至る如く、苟《いやしく》も分度の道に循《したが》はば則ち安泰なり。若《も》し夫の道に乖《そむ》けば、則ち一日些数《さすう》を踰越《ゆえつ》するも亦た一月必ず数日の不足を生じ、一年必ず数月の不足を生ず。一世必ず数年の不足を生ず。若し数年の不足を生じなば則ち何を以て其の家国を保たん。人の一世に於けるも亦然り。三十年の久しきには必ず天災饑饉水火寇賊の患害あり。此の時に当たるや、四分の一の儲蓄無くんば何を以て其の費《ひ》に供せん。苟も分度の道に循はば、則ち此の患害に遇ひて而も生養を全《まっと》ふするは猶ほ江河に臨めるとき舟筏橋梁《しゅうはつきょうりょう》有るがごときなり。吁《ああ》。分度の道を舍《す》てて由らず、奢怠危亡に陥《おちい》るは、亦た猶ほ大路を舍《す》てて盲進するがごときなり。豈《あ》に嶮岨に顛《たお》れ谿谷に陥り江河に溺れざる者有らんや。是れに由りて之を観れば、分度の人道に於けるは猶ほ家屋の基趾《きし》に於けるがごときなり。基趾定まつて而る後家屋構ふ可し。分度立ちて而る後礼楽刑政《れいがくけいせい》も行はる可く、孝弟忠信為す可し。孝子有りて父母を養ふに、分度を守らば則ち孝なり。分度を失はば則ち日に三牲《さんせい》の養を用ふと雖も亦以て孝と為すに足らず。何ぞや、分度を失はば則ち其の家を亡ぼす、其の家を亡ぼせば則ち孝道何《いづ》くにか在る。嗚呼、分度たるは我が道の本原なり。

〈訳文〉

第四　分度（下）

道は聖人が生民のために立てたものである。これを江都（江戸）から京師（京都）に至る街道に譬えれば、江都を出て京師に至る者は必ずこれによらざるを得ない。かりそめにもこれによれば山川百里を踏み越えて京師に至るのも甚だ容易である。しかし、もしこの街道が無ければ、僅か数里でも行くことができないのは何故か。それは、険しい山坂や深い谷間や大きな川が有れば、勇壮な者でも、山坂で転び、谷間に落ち込み、大川に溺れないではおれない。勇壮な者でもそうである。ましてや年とった者や幼少の者、めくらや足の不自由な者は、尚更で数歩も行くことができない。ましてや百里を経て京師に至ることがどうしてできようか。聖人はこれを憂いて、その険しいところは平らにし、深い谷間には道をめぐらし、大川には橋を掛け舟を浮かべて街道を開き、旅行者を導かれたのである。それ故、街道に拠れば、元気な者は勿論、老弱・身体障害者であっても、安心して往来することが、甚だ容易であって困難ということは無いのである。

およそ人生は食べるということが無ければ生を養うことはできない。衣を着ないでは寒さを防ぐことができない。家屋が無ければ風雨雪霜を庇うことができない。考えて見れば、上世人道がまだ立たない時には、鳥獣の行為と同じように、鳥獣を食べ、羽や皮を衣とし、巣や洞穴を家として、僅かに飢寒を免れ風雨を凌いでいたけれども、このために奔走辛苦して一日も安らかな日は無かった。もしも風雨に遇えば食を得られない、疾病に罹れば食を得られない、老いて活動することができなければ食を得られない。強暴な者は柔弱な者を脅かし、悪質な者は愚かな者を欺く。この為に、愚かな者は愚かなために斃れ、弱い者は弱い為に斃れ、病気の有る者は病気の為に死に、老いた者は老いた為に、その天寿を全うすることができなかった。聖人はこれを憂いて、農業の道を立てて五穀を栽培させ、建築の道を立てて家を造らせ、養蚕機織の道を立てて衣服をつくらせられたのである。こうして衣食住の道が一度立って、生民は始めて安息することができたのである。しかし、飽食・暖衣・逸居して教が無ければ鳥獣に近い。聖人はまたこれを憂いて五教を敷いて人倫を明らかにされ、礼を以て驕慢怠惰を防ぎ、楽を以て疲労倦怠を慰め、刑を以て強暴を懲らし、政を以て四海の内を一にし、武を以て四夷を威し、文を以て仁沢を施され、生民が安心できる所以の道が完備されたのである。この道が一度立って国家は治まり、年老いて身寄りの無い者や孤児廃疾者までも、その生養を安んじ、その天寿を全うすることができるようになった。ああ、聖人が民の為に考えをめぐらし、立てられたところの道は至れり尽くせりである。そうして現在その形跡を観れば、千緒萬端でまとまりが無いようであるが、その根本を極めると一に「教」と「養」に帰着する。

その教養の道は、正に分度にある。上は王侯から下は庶民に至るまで、各々天録に基づいて春夏秋冬に準じて四分し、さらに三百六十日に均分して、これによって節制し、その分を慎みその度を守る。生を養い安泰を持続する道はこれをおいて他には有りえない。一年は元旦から大晦日まで、それは丁度江都から京師へ至るように、分度の道に従えば安泰である。若しその道に背けば、一日に僅かの数を越えても、また一月としては必ず数日の不足が生じ、一年では必ず数箇月の不足が生じ、一世の間には必ず数年の不足が生じる。若し数年の不足が生じたならば、どうしてその家その国を保ち得よう。人の一生でもそのとおりで、三十年の久しい間には、必ず天災・飢饉・水害・火災・盗賊の患害がある。この時に当たって四分の一の貯蓄が無ければ、何を以てその費用に供しえよう。かりそめにも分度の道に従えば、このような患害に遇っても生養を全うすることができるのは、大川に臨んで舟や橋が在るのと同じである。ああ、分度の道を捨てて拠らなければ奢りや怠りにより危亡に陥ることは、街道を捨てて盲進するのと同じであり、山坂で転び、谷間に落ち込み、大川に溺れない者があろうか。こうして観れば、分度の人道に占める位置は家屋の基礎と同じである。基礎が定まってから家屋を構築できるのと同様、分度が立って後、礼楽・刑政も行えるし、孝弟忠信も為し得る。孝子があって父母を養うのに、分度を守れば孝となり、分度を失えば日々美味滋養を尽くして養っても、孝と為すには足りない。何故なば、分度を失えば、その家が滅びる。その家を滅ぼせば孝道は何処に在ろうか。ああ、分度というものは我が道の本源である。

〈語義〉

○江都……江戸。　○京師……京都。　○大路……幅の広い道。　○山川百里……山や川のある遠い道程。　○跋履《ばつり》……ふみあるく。跋渉のこと。　○嶮岨谿谷江河《けんそけいこくこうが》……けわしい所や谷間や大きい川。○壮者……若者。　○嶮岨に顛れ……険しい所でたおれ、　○谿谷に陥り……谷間におちこみ、　○江河に溺れ……大きな川で溺れる。　○老弱瞽躄《ろうじゃくこへき》……年寄りや子供やめくらやいざり。　○行旅……旅人。　○晏然《あんぜん》……落ち着いた様子。　○来往……行き来。　○食するに非ざれば則ち生を養ふこと能はず……食事をしなければ生命を維持することができない。　○衣するに非ざれば則ち寒を禦ぐこと能はず……衣服を着るのでなければ寒さをふせぐことができない。　○家屋あるに非ざれば則ち風雨雪霜《せきそう》を庇《かば》ふこと能はざる……家屋がなければ風雨や雪霜から助け護ることができない。　○上世……大昔。　○禽獣と行を同じふし……鳥や獣と同じ行動をし、　○鳥獣を食と為し……鳥や獣を食べ、　○羽皮を衣となし……鳥の羽や獣の皮を衣とし、　○巣窟を家と為し……鳥の巣や洞窟を住居にし、　○飢寒を免れ風雨を庇ふ……飢えや寒さを免れ、風雨をふせぐ。　○奔走……かけまわること。　○一朝の寧《やす》きこと……一日の安らかなこと。　○疾病に嬰《かか》る……病気に罹る。　○勤動する……勤労すること。　○強暴なるもの……強く乱暴なもの。　○柔弱なるもの……気力の弱いもの。　○奸知なるもの……よこしまな智恵にたけたもの。　○愚蒙なるもの……愚かで道理に暗いもの。　○稼穡《かしょく》の道……穀物の植え付けと採り入れ、即ち農業の方法。　○五穀……米・麦・粟・黍・豆のことであり、穀物を総称していう。　○樹芸……樹木をそだてること。　○工匠の道……大工の方法。　○蠶織《さんしょく》の道……養蚕と機織りの方法。　○生民……国民。　○安息……安らかに休むこと。　○飽食暖衣……食べ物に不足がなく、身が暖かであること。即ち生活に何の不足不自由もないこと。　○逸居……安楽に暮らすこと。　○教……教訓。　○五教……人間の守るべき五つの教え、即ち君臣の義・父子の親・夫婦の別・長幼の序・朋友の信をいう。　○人倫……人間として踏み行うべき道徳。　○礼以て驕怠《きょうたい》を防ぎ……相手を敬うことによって奢りや怠ける心をさえぎる。　○楽以て労倦を慰し……音楽で労働を嫌になることを慰める。　○刑以て凶悪を懲らし……刑罰で甚だ悪いものをいましめる。　○政以て四海を一にし……政治によって国内を統一する。　○武以て四夷を威し……武力で周囲の国を畏れさせる。　○文以て仁澤を施し……文教によって恵みの潤いを広く及ぼす。　○治安……国家が安らかに治まること。　○鰥寡《かんか》狐独廃疾の者……鰥は老いて妻のないもの、寡は老いて夫のないもの、狐は幼くして父のないもの、独は老いて子のないもの、廃は不治の病のもの、疾は不具のもの。　○生養を安じ……生活を全うさせる。　○天年を終はるを得たり……天寿を全うさせることができる。　○慮《おもんばか》り……思いめぐらすこと。　○千緒萬端《せんちょばんたん》……種々雑多な事柄。　○統括……まとめてくること。　○教養……おしえやしなうこと。　○王侯……王と諸侯、日本では天皇と将軍・大名のこと。　○庶人……身分の低いひと、平民。　○天録……天から定められた恵み。　○三百有六旬……三百六十日。　○生養持盈《せいようじえい》の道……生活が充分の地位を保って失わない方法。　○期年……一年。　○徐日……大晦日。　○些数《さすう》……僅かな数。　○踰越《ゆえつ》……のりこえること。　○家国……家や国。　○天災饑饉水火寇賊の患害……天災や飢饉、洪水・火事・盗賊・反乱などのうれいやわざわい。　○舟筏橋梁《しゅうはつきょうりょう》……舟や橋。　○奢怠危亡……奢侈や怠惰によって危うく滅びようとすること。　○家屋の基趾《きし》に於けるが如き……家屋における土台のようなものである。　○礼楽刑政……行いをつつしませる礼儀と心をやわらげる音楽と刑罰と政治。　○孝弟忠信……父母に孝行で兄弟なかよく、君に忠であり、友に信義が厚いこと。　○孝子……よく父母に仕える子。　○三牲の養を用ふ……三牲、即ち美味を親に御馳走すること。　○孝道……孝行の道。　○本原……本源、根源。

第五　盛衰

盛衰の理は天の寒暑に於けるが若《ごと》しと曰ふと雖も、未だ嘗《かつ》て分度の守失《しゅしつ》に因《よ》らざるもの非《あら》ざるなり。分を守れば則ち盛り、分を失へば則ち衰ふること、固より必然の理なり。夫れ国君にして分を守るときは則ち倹譲行はれ、倹譲行はるるときは則ち国用余り有り、国用余り有るときは則ち仁澤《じんたく》民に下《くだ》り、仁澤民に下るときは則ち民農に務め、民農に務むるときは則ち米粟《べいぞく》水火の如し。米粟水火の如くんば而して民飢ゑず、寒からず。君益々分を守りて以て仁澤を布き、民益々農を努めて以て其の徳に報ゆ。則ち君の民を愛すること赤子《せきし》の如く、民の君を親しむこと父母の如く、君民相和して国家治まる。聖人は上を損して下に益するを以て益と為し、天気降り地気の騰《あが》るを以て泰《たい》と為《な》す。天下の盛隆、豈に此れに加ふるもの有らんや。国君にして分を失ふときは則ち国用節せらるる無く、国用節せらるる無きときは則ち民に取りて度あること無く、民に取りて度無きときは則ち民手足を措《お》くに所無し。聖人は下を損して上に益するを以て損と為し、天気の上がり地気の下るを以て否と為す。国家の衰替《すいたい》、此れより大なるは莫《な》し。夫れ民の稼穡《かしょく》に於けるや、盛夏厳冬に暴露《ばくろ》し、暑熱寒凍《しょねつかんとう》を避けず、耕耘穫蔵《こううんかくぞう》、樵薪徭役《しょうしんようえき》、終歳《しゅうさい》勤苦して暫《しばら》くも休息することを得ざるなり。嗚呼、辛苦艱難を竭盡《けつじん》して得る所の粟、暴歛《ぼうれん》の奪ふ所と為らば、年《ねん》豊かなりと雖も糟糖《そうとう》も腹に満つるに足らず、敝衣《へいい》も膚を蔽《おお》ふに足らず、仰いでは以て父母を養《やしな》ふに足らず、俯しては以て妻子を畜《やしな》ふに足らず、年凶なれば則ち死亡を免れず、老弱は溝壑《こうがく》に転び、壮者は四方に散り、餓莩《がし》累々として塗《みち》に盈《み》つ。嗟乎《ああ》、人生の痛患焉《こ》れより甚だしきもの有らんや。君臣は一なり。譬《たと》へば一木の若《ごと》き然《しか》り、根幹互養して一木全《まった》し、一枝有るものは必ず一根有り、十葉有るものは必ず十根有り、未だ其の根無くして其の枝葉有るもの有らざるなり。故に一根を伐れば則ち心穂《しんすい》必ず凋《しぼ》む、全根を断てば則ち幹枝共に枯る。民は根なり、君は幹にして臣は枝葉なり。故に民盛んなれば、則ち君臣随つて盛んにして、民衰ふれば、則ち君臣必ず衰ふ。一民流亡せば則ち一民の田蕪《あ》れ、一民の田蕪れば則ち一民の租失はれ、一民の租失はれば則ち君其の弊を受くるなり。百民を亡へば則ち一邑の田蕪れて一邑の租失はれ、千民を亡へば則ち一郡の田蕪れて一郡の租失はれ、萬民を亡へば則ち一国の田蕪れて一国の租失はる。一国の民を亡し一国の租を失ふときは則ち君臣独り存す可けんや。叔世《しゅくせい》の君臣、慮《おも》ひ此《ここ》に及ぶこと能はず、君は分を失ひて奢侈に流れ、臣は聚歛《しゅうれん》して其の奢を益す。奢侈聚歛一たび行はれば則ち虐政《ぎゃくせい》至らざる所莫《な》し。虐政行はれて民流亡す。民流亡して田荒蕪《こうぶ》す。田荒蕪して租税失はる。租税失はれて假貸生ず。假貸生じて利息益《ま》す。利息益して還す能はざれば則ち其の極は一歳の入を盡すも亦焉《こ》れを償《つぐな》ふ可からざるに至る。内には則ち国民を失ひて租税取る所無く、外には則ち負債償はれずして假貸の道塞《ふさ》がる。嗚呼、国の急も亦た極まる。分度の守失に因りて盛衰興亡を為すもの、昭然として明らかならずや。是れに由りて之を観るに、分を守りて以て国を興し、分を失ひて以て国を亡ぼすは必然の理なり。故に分を失はば則ち君賢なりと雖も其の盛を保つ能はず、分を守らば則ち君不肖なりと雖も其の衰を興す可し。夫れ其の衰を挙げんと欲して而も其の法を得ざるは、是れ猶ほ水を底無きの桶に汲むが如く、力を用ふること至れりと雖も而も功を成すこと能はず。聚斂して以て其の廃を興さんと欲するは、猶ほ其の根を断ちて而も枝葉の盛を求むるが如きなり。曰く、然らば則ち其の衰を挙げ其の廃を興さんと欲する者、将《まさ》に何をか先とするやと。曰く、明らかに其の天命を辨《わきま》へ、慎みて其の分度を守ると。

〈訳文〉

第五　盛衰

盛衰の理は、自然の暑寒が廻るようなものではあるとはいえ、いまだかつて分度を守ると失うとに因らないものは無い。分を守れば盛となり、分を失えば衰えることは、固より必然の理である。国君が分を守れば倹譲が行われ、倹譲が行われるときは国用に余りが生じる。国用に余りが有れば仁沢は民に下り、仁沢が民に下るときは民は農事に務め、民が農事に努めるときは米粟は水や火のように豊かになり、米粟が豊かなときは民は飢えず、凍えない。君は益々分を守って仁沢を敷き、民は益々農事に努めてその徳に報いる。君が民を愛すること赤子のように、民が君に親しむこと父母のように君民相和して国家は治まる。聖人の教えに「上を損して下に益するを以て益と為し、天気降り地気の騰るを以て泰と為す」とあるが、天下の隆盛これに加えるものがあろうか。反対に、国君が分を失えば、国用は節度が無く、国用に節度が無いときは民から取るのに限度が無い。民から取るのに限度が無ければ、民は安心して手足を置く所が無い。聖人の教えに「下を損して上に益するを以て損と為し、天気上がり地気の下るを以て否と為す」とあるが、国家の衰退これより大なるは無い。

そもそも民が農業をするには、盛夏・厳冬に曝され、暑熱・寒凍を避けないで、耕し、草取り、刈り収め、薪を取り、力役に従事し、一年中勤苦して、少しも休憩することができない。ああ、その辛苦艱難を竭し尽くして得た米粟も、暴税の為に奪われれば、豊年であっても糟のような粗食すら満腹になることができず、粗末な衣類でさえも膚を覆うことができず、父母や妻子を養うこともできないのである。ましてや凶年であれば、死亡を免れることができない。老弱の者は溝や谷間に転がって死に、働き盛りの者は四方に離散し、餓死者は累々として道路に満ちる。ああ、人生の痛患、これより甚だしいことがあろうか。

君と民とは一つである。例えば一本の木のようなものである。根と幹とが互いに養い合って一つの木は生を全うできる。枝が一本有るものは必ず根が一本有り、十枚の葉が有るものは必ず十本の根が有る。その根が無くて枝や葉の有るものは無い。それ故に一本の根を伐れば葉先は凋み、全部の根を伐れば幹も枝も枯れる。民は根であり、君は幹であって、臣は枝葉である。故に民が盛んであれば、君臣は従って盛んであり、民が衰えれば、君臣は必ず衰えるのである。一民が流亡すれば一民の田は荒れ、一民の田が荒れれば一民の租税が失われ、一民の租税が失われれば君は必ずその影響を受けるのである。百民を流亡させれば一村の田は荒れ一村の租税を失い、千民を流亡させれば一郡の田は荒れ一郡の租税を失い、万民を流亡させれば一国の田は荒れ一国の租税を失う。一国の民を流亡させ一国の租税を失って、どうして君と臣だけが独り存在できようか。末の世の君臣はここまで考え及ぶことができずに、君は分を失って奢侈に流れ、臣は重税搾取してその奢りを増す。奢侈と重税搾取が一度行われれば、虐政の至らないところは無い。虐政が行われて民は流亡し、民が流亡して田畑は荒れる。田畑が荒れて租税を失う。租税が失われて借財が生じる。借財が生じて利息が増す。利息が増して返すことができなければ、その極、一年の歳入を尽くしてもこれを償うことができないようになる。内には国民を失って租税を取る所が無く、外には負債を償うことができない為に、借財の道さえ塞がる。ああ、国家の急もまた極まるものである。分度を守るか失うかによって盛衰興亡を為すということが、昭然として明らかでは無いか。

これによってみれば、分を守れば国を興し、分を失えば国を亡ぼすということは必然の理である。その故に、分を失えば賢明な君であっても、その盛を保つことはできず、分を守れば不肖の君であっても、衰を興すことができる。衰国を復興しようとして、適切な方法を得ない時は、ちょうど水を底の無い桶で汲むようなもので、いかほど力を用いても成功することはできない。重税搾取して廃国を復興しようと欲するのは、草木の根を断ち切って枝葉の茂るのを求めるようなものである。では、その衰廃を復興しようとする者は、何を先にすればよいか。それは明らかにその天命を弁え、謹んでその分度を守るのみである。

〈語義〉

○盛衰の理……盛んになるか衰えるかのことわり。　○分度の守失……分度を守るか失うか。　○必然の理……そうなるより他にありようのない理由。　○国君……君主　○仁澤民に下り……恵みの潤いが民にいきわたること。　○米粟水火の如く……米や粟が水や火のように。　○赤子……産まれたばかりの子供。　○聖人は上を損して下に益するを以て益と為し、天気降り地気の騰《あが》るを以て泰と為す……『易経』に見える言葉。　○天下の盛隆……天下国家が隆盛なこと。　○聖人は下を損して上に益するを以て損と為し、天気の上がり地気の下るを以て否と為す……『易経』に見える言葉。　○衰退……おとろえしりぞくこと。　○盛夏厳冬に暴露し……真夏や厳冬に体をさらし、　○耕耘穫蔵……耕し、草取り、刈り収めること。　○樵薪徭役《しょうしんようえき》……薪をとり、力役に従事すること。　○終歳……一年中。　○勤苦……苦労して勤める。　○辛苦艱難……つらいめにあって苦しみなやむこと。○竭盡《けつじん》……ありたけを悉くつくすこと。　○年豊か……豊作。　○糟糖《そうとう》……かすとぬか。　○敝衣《へいい》……やぶれた着物。　○年凶……凶作。　○老弱は溝壑《こうがく》に転び……老いたものや弱いものはみぞにはまり、のたれ死にする。　○壮者は四方に散り……若者は四方に離散する。　○餓孳《がし》……飢えた子供。　○累々として塗《みち》に盈つ……かさなりあって道に満ちる。　○人生の痛患……人生に於ける痛ましいわずらい。　○根幹互養して……根と幹が互いに養いあう。　○心穂……葉先　○凋《しぼ》む……生気が失せてちぢむ。　○流亡……さすらいほろびる。　○蕪《あ》れ……土地が荒れること。　○叔世の君臣……末世の君主や臣下。　○慮《おも》ひ……考え。　○聚斂《しゅうれん》……租税を取り立てること。　○虐政……人民を苦しめ虐げる政治。　○荒蕪《こうぶ》……土地が荒れ果て雑草が繁ること。　○仮貸《かたい》……貸し借り。　○利息……他人に金銭を使用させたものが、一定の割合を以て定期に受ける報酬のこと。　○負債……借財。　○仮貸の道塞がる……貸し借りの方法が閉じてしまう。　○急……危急。　○昭然……あきらかなさま。　○賢……学才・徳行がすぐれていること。　○不肖……おろかでとるにたらないもの。

第六　興復（上）

興復の道は分度を立つるより先なるは莫《な》し。分度を立つるの要は命分を辨《べん》ずるに在り。何をか分と謂ふ。四海は天子の分なり、封国は諸侯の分なり、祿俸《ろくほう》は大士夫の分なり、田畝《でんぽ》は庶民の分なり。何をか命と謂ふ。天子の四隩《しおう》に於けるや、蒼々《そうそう》たる四海は人力の増益する所に非ざるなり。諸侯の封内に於けるも亦然り。天分の海内を班《わか》ちて焉《こ》れを有《たも》つ。大士夫の祿俸に於けるも亦然り。封国の天分に随ひ一邑の天分に因りて賦《ふ》す。天子より庶人に至るまで、大小各々其の天に得る所のもの已《すで》に定まる、豈に人力を以て之を移易《いえき》す可けんや。然り而して天下国家の用度、皆其の分内に出て、外に求むる所莫《な》きなり。然らば則ち天子焉《なん》ぞ天分の海内を不足と為し、渺々《びょうびょう》たる蒼海を渉《わた》りて以て之れを異域に求む可けんや。諸侯の封内に於けるは、猶ほ天子の四隩に於けるが如きなり。四境の外、以て蒼海大洋と為さば、則ち豈《あ》に又た之を隣国に求む可けんや。然らば則ち天子は諸《こ》れを海内に求め、諸侯は諸れを封内に求め、以て其の用途を制す可きは固より必然の理なり。夫れ其の天命を明らかにし、其の天分を辨《わきま》へ、然る後平均の分度を立つ。何をか平均と謂ふ。年に豊耗《ほうもう》有り、吏《り》に仁暴《じんぽう》有り。祖額随ひて過は不及を為す。故に一年の租額を以て法と為す可からざるなり。既往の十年、若しくは二十年、若しく三十年の祖額を通計して以て之を平均せば、則ち豊と暴との過、耗《もう》と仁との不及、悉《ことごと》く平均に帰し、以て中正自然の数を得るなり。此れ既往過来する所は即ち衰時の命分、定然として易ふ可からざるものなり。而して其の分内に於て、負債の出す所と為る子金《しきん》を除き、以て其の国用を節制し、其の分度を謹守す。是れ国家興復の根元なり。国家興復の分度に於けるや、猶ほ地爐《ちろ》の布褥《ふじょく》に於ける、水桶の篾箍《めちく》に於けるが如きなり。布褥の掩覆《えんぷく》して地爐は暖かく、篾箍の堅固にして桶水は満ち、分度の確立して国家は興復す。夫れ其の分度を確立して然る後、神聖の道に循ひて荒蕪《こうぶ》を墾《ひら》き負債を償ふ。何をか神聖の道と謂ふ。天開闢《ひら》けたるときは茅茅《ちち》たる葦原《あしはら》なり。天神聖を降したまひ、茅葦《ちい》を墾きて以て国を建てしめたまへり。其の用度は天より降れるに非ず、地に涌けるに非ず、之を異域に求めたるに非ず。茅葦を墾きて以て田畝と為し、其の田畝を耕して米粟を生じ、其の米粟を得て以て推譲したるのみなり。惟《た》だ土徳と推譲とを以て、茅葦変じて豊足富饒《ほうそくふぎょう》の国と為りしなり。是の故に一両金を出して以て荒蕪一段を墾くときは則ち産粟二石を得。其の半ばを食ひて其の半ばを譲り、以て開墾の資と為し、循環して止まざれば、則ち一周度の積、開田二十四億五千四十八萬二千二百五十三町を得るなり。一両金を出して以て負債一両を償ふときは則ち利永二百文を得。其の利永を留めて以て償贖《しょうしょく》の資と為して循環止まざれば、則ち一周度の積、五萬六千三百四十七両に至るなり。細微を積みて而も巨大を致すこと、其の資は僅かに二金のみ。荒蕪は荒蕪の力を以て墾き、負債は負債の費を以て焉《これ》を償ふ。是れを神聖の道と謂ふ。苟も此の道に循《したが》はば則ち幾億萬の荒蕪も焉を墾き盡す可く、幾億萬の負債も焉を償ひ盡す可し。荒蕪墾き盡して而る後一国の産粟全く、負債償ひ盡して而る後一国の祖額全し。一国の産粟全く一国の祖額全くして、而る後、国其の国に復す。是れを之れ、興復の道と謂ふなり。

〈訳文〉

第六　興復（上）

興復の道は分度を立てるのが最も先決である。分度を立てる為の要件は、命分を弁えることである。何を分というか。四海の内は天子の分であり、領国は諸侯の分であり、俸禄は家臣の分であり、田畝は庶民の分である。何を命というか。天子の治しめす所は蒼々とした四海の内に限られており、人力で増益しうるものではない。諸侯の領地も同様であって、天分の海内を分けて領有するのである。家臣の俸禄も同様で、領国の天分に従って制約される。庶民の田畝も同様で一村の天分によって持ち分が定まる。天子から庶人に至るまで、大小各々天から得た所のものが已に定まっている。人力を以て移し易えられるものではない。それ故に天下国家の用度は皆その分内から出るものであって、外に求めることはできないのである。してみれば天子は天分の海内を不足として、渺々とした蒼海を渉ってこれを異国に求めてよいものではない。諸侯の領地についても、天子の版図と同様、四境の外は蒼海大洋と考えれば、不足を隣国に求めてよいものではない。であるから、天子はこれを海内に求め、諸侯はこれを領内に求めて、その費用を制すべきことは必然の理である。

その天命を明らかにし、その天分を弁《わきま》えてのち、平均の分度を立てる。何を平均というか。年によって豊作と凶作があり、官吏には仁政を施す者と重税を取る者がある。従って一年の租税の額をもって法とすることはできない。既往の十年、若しくは二十年、若しくは三十年の税額を通計して平均すれば、豊作と凶作、暴政と仁政の過不足が悉く平均に帰し、中正自然の数が得られる。これが既往過ぎ去ったところ、則ち衰時の命分であり、定然として易えることのできないものである。そうしてその分内に於て、負債の為に出すところの利息を除いて、その国用を節制し、謹んでその分度を守る。これが国家を復興する根本である。国家の復興と分度との関係は、炬燵と布団、水桶と箍《たが》の関係と同様である。布団が覆って炬燵は暖かく、箍が堅固であって桶に水は満ち、分度が確立して国家は復興する。

その分度を確立した後、神聖の道に従って荒地を開墾して負債を償うのである。何を神聖の道というか。天地開闢の時は茫々とした草原である。そのとき天は神聖を降され、葦原を拓いて国を建てられたのである。その用度は天から降ったものでもなく、地から涌いたものでもなく、異国から借りたものでもない。葦原を開墾して田畝とし、その田畝を耕して米粟を生じ、その米粟を得て推譲しただけのことである。只土徳と推譲で豊葦原は変じて千五百秋の瑞穂の国となったのである。この理によって、金一両を出して荒地一反を拓く時は産米二石を得、その半ばを食い、その半ばを譲って開墾の資金として、循環して止まなければ、一周度すなわち六十年の積は開田二十四億五千四百十八万二千二百五十三町を得るのである。金一両を出して負債一両を償えば、利子として払っていた永二百文が残る。その利子分を積み立てて元利償還の資金として循環して止まなければ、一周度六十年の積は金五万六千三百四十七両となる。微細を積んで巨大とする。その資は僅かに二両だけである。荒地は荒地の力をもって拓き、負債は負債の費をもって償う。これを神聖の道という。いやしくもこの道に従えば、幾億万の荒地も拓き尽くし、幾億万の負債も償い尽くすことができるのである。荒地を拓き尽くして後、始めて一国の産粟は全く、負債を償い尽くして後、始めて一国の税収は全きを得ることができる。一国の産粟が全く、一国の税収が全くなって後、国はその国に復したということができる。これを興復の道というのである。

〈語義〉

○興復の道……復興の方法。　○四海……四方の海の内、即ち天下。　○天子……天皇。　○封国……封ぜられた国。即ち藩。領土。　○諸侯……大名。　○天分……その人の天から受けた能力。　○禄俸……禄と俸、即ち扶持。　○天子の四隩に於ける……天子が治められる国土。　○蒼々たる四海……あおあおとした海　○人力の増益する所……人の力で増し加えること。　○封内……大名の領地　○一邑……一つの村。　○賦す……わりあてること。　○渺々《びょうびょう》たる蒼海……広くて果てし無い大海原。○異域……外国。○四境……領国の境。○蒼海大洋……大海原。○年の豊耗……豊作と凶作。○吏……役人。○仁暴……仁政と暴政。○祖額……祖税の額。○過不及……超過することと不足すること。○豊と暴との過、耗と仁との不及……豊作や暴政であれば超過し、凶作や仁政であれば不足する。○中正自然の数……過不及なく正しい自然の数。○既往過来する所……過去。○定然……しっかりと定まっていること。○子金……利息。○謹守……つつしみまもること。○地爐《ちろ》……いろり。○布褥《ふじょく》……かけぶとん。○篾箍《めちく》……桶の輪。○掩覆《えんふく》……おおいかくす。○荒蕪を墾き……荒地を開墾し、○茅茅《ちち》たる草原なり……ちがやの生えている叢である。○天……天照大神。○神聖……ここでは天照大神の孫の瓊瓊杵尊を指すと考えられる。天照大神は国土統治を瓊瓊杵尊に託されて、この地上に遣わされた。瓊瓊杵尊の孫が初代天皇の神武天皇である。○茅葦《ちい》……かやあし。○土徳……土地の持っている徳（能力）。○豊足富饒の国……豊に満ち足りた国。即ち日本。○荒蕪一段……荒地一反。○産粟……収穫される米。○一周度の積……干支一巡、即ち六十年。○利永二百文……二百文の利子。当時一両は銭相場により、銭六千文から七千文に相当したが、計算上の単位として「永」を用い、永千文を一両とした。当時の利率は年二割が普通であったから永二百文の利子となる。○償贖《しょうしょく》の資……償還の費用。

第七　興復（中）

国家の安危は下民《かみん》の栄枯に在り。下民の栄枯は租税の軽重に在り。租税軽ければ則ち民栄へ、民栄へれば則ち国家安し。租税重ければ則ち民枯る、民枯《か》れれば則ち国家危《あや》ふし。蓋《けだ》し租税の法、国朝王代は二十に一を取り、漢土三代は九に一を取る。後世暴君汗吏《かんり》代はる代はる出て聚斂《しゅうれん》を以て務めと為し、或いは四公にして六民、或いは五公にして五民、租税の重きも亦極まる。然りと雖も古人の地を量《はか》るや尚ほ古法の存する有り。其の土厚肥《こうひ》なるときは則ち田狭くして租重く、其の地薄瘠《ほし》なるときは則ち田広くして租軽きは何ぞや、土の厚肥なるときは耕して利多く、地の薄瘠なるときは耕して利少なければなり。姦吏《かんり》猾胥《がっしょ》にして之を察すること能はざるときは、民の栄枯を問はず、地の肥瘠《ひし》を論ぜず、惟《た》だ其の広狭を見て、広きは以て遺利と為し、其の田畝を量りて広を縮めて狭と為し、軽きを益して重と為す。一旦国広きを加へ、多きを加ふるに似たりと雖も、而も其の民必ず流亡して田畝日々に蕪《あ》れ、租税年々に欠く。是れ国家常に衰廃して止まざる所以なり。今且《しばら》く萬石の国を挙げて其の盛衰を観るに、聚斂附《しゅうれんふ》益《えき》の盛時に当たり五千石を増せば、則ち荒蕪《こうぶ》逋《ほ》欠《けつ》の衰時に及び五千石を減ず。外に増すものは必ず内に減ず。何となれば則ち租法中を失して盛衰増減を為すなり。故に其の衰《すい》を挙げ其の廃を興す、宜しく其の盛衰の租法を精究し、以て終はりを其の始めに盡すべきなり。若し夫れ租法を其の始めに精究せず、興復の後に至りて盛時の重税に復すときは、則ち再び衰廃に陥ること猶ほ手を反《かえ》すが如し。一興一廃して永く保つ能はざれば、則ち曷《なん》ぞ始めに之を挙げざるの愈《まさ》れりと為すに如かんや。然らば則ち之を為すこと如何にすべき。曰く。其の衰を挙げ其の廃を興さんと欲する者は、必ず先づ国家の分度と郡邑の租法とを制定し、以て萬世不易の規則を立つ。此れ所謂《いわゆる》終はりを其の始めに盡すなり。蓋し分度を制し、租法を定めて而も之が中庸を得ざるときは、則ち以て法と為すに足らざるなり。不偏、之を中と謂ひ、不易、之を庸と謂ふ。不偏は萬邦に通じ、不易は古今を兼ぬ。古今萬邦に通行し、萬世不易の法と為るは、自然の中を執るが故なり。天地萬物自然の中を存せざるもの莫し。時気の寒暑を為し、昼夜の長短を為すと雖も、而も自づから春秋二分の中有るなり。蓋し人の生まるるや、父母陰陽の二気に成り、身体自づから寒熱水火の中を為す。故に寒暑に苦しみて、春秋二分の節に安んずるなり。国家の盛衰に於けるも亦た然り。聚歛附益《しゅうれんふえき》の盛時に当たりては、則ち君奢《おご》りて而も民苦しみ、荒蕪《こうぶ》逋欠《ほけつ》の衰時に当たりては、則ち君窮して民怠る。故に盛衰の租額を平均すれば、則ち中正自然の数を得るなり。中正自然の数を執り、上は国家の分度と為し、下は郡邑の租法と為さば、則ち盛奢の憂《うれ》ひなく、民に衰退の患《わずら》ひなし。語に曰く、始め有り卒《おわ》り有る者、其れ惟《た》だ聖人かと。匹夫の長木を伐る、尚ほ其の仆《たお》るる處を見る。況んや国家の衰廃を挙ぐる者、安んぞ萬世の後を慮《おもんばか》つて而して不易の法を立てざる可けんや。

〈訳文〉

第七　興復（中）

国家の安危は下民の栄枯にあり、下民の栄枯は租税の軽重にある。租税が軽ければ民は栄え、民が栄えれば国家は安泰である。租税が重ければ民は枯れ、民が枯れれば国家は危うい。税制史をみれば、我が王朝の時代は、二十分の一を取り、シナの夏・殷・周三代は九分の一を取っていた。後世は暴君汚吏が代わる代わる出て、重税搾取を務めとし、或いは四公六民、或いは五公五民に及び、重税も極度に達した。とはいえ、古人の耕地測量の方法は、なお古法の面影が残っていた。則ちその土地が厚く肥えている場合は、田の面積を狭くして租税を重くし、その土地が薄く痩せている場合は、田の面積を広くして租税を軽くした。なぜならば、土地が厚く肥えているときは耕して収益が多く、土地が薄く痩せているときは耕して収益が少ないからである。悪賢い官吏はこれを察することができないで、民が栄えようと枯れようと、土地が肥えていようと痩せていようと頓着無く、ただその面積の広狭だけを見て、広いと見落とした利益があったとして、田畑を厳密に測量して広かったのを狭くして、軽かった税を増して重くする。一旦国土は広くなり、税は多くなったようであるけれども、その民は必ず流亡し、田畝は日々に荒れ、租税は年々に欠けていく。これこそ国家が常に衰廃して止まることのない理由である。今さしあたり万石の国を例として、その盛衰を見ると、重税搾取により利益を加えた盛時に五千石を増したとすれば、荒地を生じて税収を欠いた衰時になれば五千石を減ず。外に増すものは必ず内に減ず。なぜならば税法が中を失うことによって盛衰増減を生じるからである。それ故にその衰廃を復興するには、よろしくその盛時・衰時の税法を精密に考究し、終局の有り方をその始めに設定しておくべきである。もしその税法を始めに精究しないで、復興してから盛時の重税に復帰するときは、再び衰廃に陥ることは、掌を返すように明らかである。一興一衰して長く保つことができないということならば、却って始めからこれを復興しない方が勝っているではないか。

ではこれをどうすればよいかというに、衰廃を復興しようとする者は、必ず先ず国家の分度と郡村の税法とを制定し、万世不易の規則を立てるのである。これが所謂「終わりを始めに尽くす」ということである。思うに分度を制定し、税法を定めて、中庸を得なければ法とするに足りない。不偏を中といい、不易を庸という。不偏は万国に通じ、不易は古今を兼ねる。古今万国に通用して、万世不易の法となるものは、自然の中を採るからである。天地万物で中を存しないものはない。時候は寒暑を繰り返し、昼夜は長短を繰り返すけれども、自ずから春分・秋分の中がある。人は父母陰陽の二気が相和して生まれ、身体は自ずから寒熱・水火の中を保っている。故に寒暑に苦しみ、春分・秋分の節に安んずるのである。国家の盛衰に於ても同様である。重税搾取により利益を加える盛時になれば、暴君は奢って民は苦しみ、荒地が増加して税収が欠ける衰時になれば、君は窮乏して民は怠る。そこで盛衰の税額を平均すれば、中正自然の数を得るのである。中正自然の数を取って、上は国家の分度とし、下は郡村の税法とすれば、君に盛衰の憂いは無く、民に衰怠の患いも無い。論語に「始め有り卒わり有る者、其惟だ聖人か」とあるが、卑しい樵でも木を倒す時には、その倒れる処を見るのである。ましてや国家の衰廃を復興しようとする者が、どうして万世の後を思慮して不易の法を立てないでよかろうか。

〈語義〉

○国家の安危……国家が興隆するか、滅亡するか。　○下民の栄枯……人民の栄えるか、衰えるか。
○租税の軽重……租税か軽いか重いか。　○国朝王代は二十に一を取り……日本の古代に於ける租税については、『日本紀』崇神天皇十年九月条に「始めて人民を校《かんが》へて、更《また》調《みつき》役《えだち》を科《おほ》す。此を男の弭《ゆはずの》調《みつぎ》、女の末調《たなすえのみつぎ》と謂ふ。」と見えるのが最初であり、その後も時々国史に見えるが、その詳細は不明である。大化の改新により、大化二年正月の改新の詔に於いて、一段に付き稲二束二把とされ、大宝律令に於てもそのように規定された。これは収穫の約三パーセントにあたるのであるが、ここに「二十に一を取り」とあるのは、一段よりの穫稲を成斤で五十束として、租税を不成斤による稲二束二把を誤解により計算した場合におよそ二十三分の一に当たるところよりでたことであり、正しくは、成斤によれば、租税は一束五把、約三パーセントになるのである。　○漢土三代は九に一を取る……シナの夏殷周に於ては、『孟子』滕文公上篇第三章に「夏后氏五十而貢、殷人七十而助、周人百畝而徹、其実皆什一也」とあり、十分の一程度であった。また北魏に於ては井田法が採用され、九分の一が租税とされていた。○暴君汗吏《かんり》……暴虐な君主やよこしまな役人。○四公にして六民、或いは五公にして五民……中世封建制の時代となり、収穫の四割、或いは五割を租税として徴収するようになったのであり、江戸時代に於ては、ほぼ四公六民、或いは五公五民が普通であった。○古人……昔の人。○古法……昔の法。○土厚肥なるとき……土地が肥えている時。○地薄瘠《ぼし》なるとき……土地が貧弱な時。○耕して利多く……耕して収穫が多い。○猾胥《がっしょ》……わるがしこい役人。○広狭……広いか狭いか。○遺利……残っている利益。○聚斂附益《しゅうれんふえき》……過重の租税を取り立てて利益とすること。○荒蕪逋欠の衰時……雑草が生い茂って荒れ、租税の義務を免れるという衰退の時。○精究……詳細に検討すること。○郡邑の祖法……郡や村の租税の額。○萬世不易の規則……万世に渡って変更することのない規則。○終はりを其の始めに盡すなり……『書経』太甲篇に「終はりを始めに慎む」と見える。○萬邦……世界。○父母陰陽の二気……父母の男女の氣。○語に曰く……『論語』に云う。○始め有り卒はり有る者、其れ惟だ聖人かと……『論語』子張篇に見える言葉。○匹夫……卑しい身分の者。○長木……大木。

第八　興復（下）

分度立ちて貢法《こうほう》定まり、然る後興復の実業に従事す。其の之を施すや序次有り。先づ封内の一邑より始む。其の之を行ふや道有り。曰く、善を賞するなり。窮を賑《にぎ》はすなり。地力《ちりき》を盡すなり。教化を布くなり。儲蓄《ちょちく》を峙《じ》するなり。夫れ投票を以て孝弟力農、衆に出づる者を挙げ、給するに賞金及び農器を以てし、且つ無息金《むそくきん》を貸与し、以て家道永安の法を授け、或いは盧舎《ろしゃ》を造営し、或いは屋宇を葺理《しゅうり》し、大いに之を表旌《ひょうせい》し、以て一邑の模範と為す。是れ善を賞する所以なり。貧民及び癘疫《れいえき》水火の菑《さい》に罹《かか》る者も、亦た投票を以て之を挙げ、米粟を給し以て枵腹《きょうふく》を療《りょう》し、或いは破屋を補葺し以て風雨を庇ひ、或いは馬舎及び糞舎を造り、且つ農糧籽種《ししゅ》及び馬匹《ばひつ》を賑貸《しんたい》し以て農力を裨《たす》け、或いは清債法を授け其の利息を留め以て家道を復す。是れ窮を賑はす所以なり。陂塘《はとう》を築き溝渠《こうきょ》を鑿《うが》ち以て水利を通じ、経路を造り橋梁を架し以て通路を便にし、荒蕪を墾き竹木を植ゑ、以て廃地を無からしむ。是れ地力を盡くす所以なり。田畯《でんしゅん》鶏鳴《とり》きて起き、寒暑と無く、風雨と無く、日に順行を為し以て早起きを導き、或いは索綯《ひごとなわない》日課の法を示し以て怠惰を振作し、或いは善を勧め悪を戒め、孝弟忠信を教へ、人倫推譲の道を諭し、以て風を移し俗を易ふ。是れ教化を布く所以なり。日々に索綯《なわない》を課し以て余力を積み、及び余財を貧者に推すの類、各々その倍額を給し以て義倉の資と為す。或いは戸口を計りて貯粟を給し以て饑饉に備ふ。是れ儲蓄を峙する所以なり。其れ是《か》くの如きか、善者は益々富優を得、惰農《だのう》は作《た》つて力田《りきでん》と為り、残暴は化して篤行と為り、荒蕪墾《ひら》けて田野治まり、野《の》燹《び》絶えて山林繁茂し、邑に破屋壊室《はおくかいしつ》無く、馬舎糞舎並び建ちて各々馬匹を蓄へ、戸足り人給し、孝弟友愛にして貧富互ひに譲り、一邑輯睦《しゅうぼく》して善良の俗成る。是に於てか一邑興復す。乃ち一邑興復の成法を挙げて、以て之を二邑に措《お》き、二邑従り以て三邑に及ぼし、三邑従《よ》りして十百千邑に及ぼす。是に於てか一国興復す。此れを之れ、興復の業と謂ふなり。

〈訳文〉

第八　興復（下）

分度が立ち税法が定まって後、興復の実施に従事する。その実施には順序がある。先ず領内の一村から始めるのである。一村に行うのに道がある。善を賞する事、困窮者を恵み助ける事、地力を尽くす事、教化を布く事、貯蓄を積む事である。先ず投票によって孝弟・力農で衆に抜きんでる者を挙げ、賞金や農器を与え、また無利息金を貸し与えて家道永安の法を授け、或いは住居を建築し、或いは屋根を葺き替えたりしてやって、大いにこれを表彰し、一村の模範とする。これが善を賞する法である。次ぎに貧民や疫病・水火の災いに罹った者も、また投票によってこれを選び、米粟を給して空腹を癒し、或いは屋根を補修して風雨を凌がせ、或いは馬小屋や便所を造り、且つ営農用の食糧や種子や馬匹を貸し与えて農力を助け、或いは借財清算の法を授け、その利息を留めて家業を復興させる。これが困窮者を恵み助ける方法である。堤防を築き、用排水を穿って水利を通じ、道路を造り橋を架けて交通を便利にし、荒地を開墾して竹木を植えて廃地を無くする。これが地力を尽くす方法である。指導者は鶏が鳴けば起き、寒暑・風雨に関わらず、毎日巡行して早起きを導き、或いは索綯日課（ひごとなわない）の法を示して怠惰を振い起こし、或いは善を勧めて悪を戒め、孝弟忠信を教え、人倫推譲の道を諭して風俗を移し易える。これが教化を布く方法である。毎日索綯を課して余力を積んだり、余財を貧者に推譲したりした者には、各々その倍額を支給して義倉の資とさせ、或いは戸数人口を計って備荒用の米を支給して飢饉に備える。これが貯蓄を積む方法である。このようにすれば、善者は益々富優を得、怠農は奮発して力農となり、乱暴者は化して篤行者となり、荒地は開墾され田畑は治まり、野火は絶えて山林は繁茂し、村に破損した家は無く、馬小屋・便所が並び立ち、各々馬匹を所有し、家ごと人ごとに生活は安定し、孝弟友愛の心が厚く、貧富は互いに譲り、一村は睦みあって善良の風俗が出来上がる。ここに於て一村は興復するのである。そうしてから一村興復の成法を挙げて、これを第二の村に適用し、第二の村から第三の村に及ぼし、第三の村からして十百千の村に及ぼすことにする。ここに於て一国は興復するのである。これを興復の業というのである。

〈語義〉

○貢法……租税の法。　○興復の実業……復興の為の種々の施策。　○序次……順序。　○善を賞する……善人を褒賞する。　○窮を賑《にぎ》はす……困窮者を恵み助ける。　○教化を布く……人間としての道を教え導く。　○儲蓄《ちょちく》を峙《じ》する……貯蓄を蓄える。　○孝弟……父母に孝行で、兄弟のなかのよいこと。　○力農……農作業に勤めること。　○衆に出づる者を挙げ、給するに賞金及び農器を以てし、且つ無息金を貸与し……人々に抜きんでる者を選んで、報償金や農機具を与え、また無利息の金を貸し与える。　○家道永安の法……一家の暮らしが永久に安心できる方法。　○廬舎《ろしゃ》を造営し……人家を建築する。　○屋宇を葺理し……家屋を修理する。　○表旌……善美な行為を広く世にあらわし示すこと。　○癘疫《れいえき》水火の菑《さい》に罹る者……流行病や浸水・火事の災いに罹っている者。　○枵腹《きょうふく》を療し……空腹を癒す。　○破屋を補葺し以て風雨を庇ひ……あばらやを補修して風雨を防ぐ。　○馬舎及び糞舎を造り……馬小屋や便所を造る。　○農糧籽種《ししゅ》……農業を続けていくための種籾　○馬匹《ばひつ》を賑《しん》貸《たい》し……馬を貸し与える。　○農力を裨《たす》け……耕作の能力を助ける。　○清債法を授け……負債清算の法。　○陂塘……堤防。　○溝渠を鑿《うが》ち……みぞを拓く。　○水利を通じ……水の便をよくする。　○経路を造り……道路をつくる。　○橋梁を架し……橋を架ける。　○通路を便にし……交通を便利にする。　○荒蕪……荒れ果てた土地。　○廃地……無用な土地。　○地力を盡す……土地自体が持っている力を発揮させる。　○田畯《でんしゅん》……農業を奨励する役人　○鶏鳴きて起き……早起きのこと。

○順行を為し……巡行。方々を廻り歩くこと。　○索綯日課《ひごとなわない》の法……勤倹推譲日掛加入法のことで、村民各自が毎日その日の仕事を了えた上、推譲のために戸毎に縄一房を綯い、その所得を集積する方法。全村民一人残らず行わしめる事。貧者も富者も、その推譲の金額に差なく、一律的全般的に行う事。勤労の精神を主眼とする事などがその特色である。　○怠惰……なまけること。　○振作……ふるいおこすこと。　○孝弟忠信……道徳のこと。　○風を移し俗を易ふ……風俗を変えること。　○義倉の資……凶作に備えて穀物を蓄えるための費用。　○戸口を計りて貯粟を給し……戸数人口を数えて備荒用の米を支給すること。　○惰農……なまけ百姓。　○力田……農業に励むこと。　○残暴……残忍で乱暴なこと。　○化して……感化する。　○篤行……篤実な行い。　○田野治まり……田畑が治まること。　○野棼《のび》……野火。　○繁茂……草木の生い茂ること。　○破屋壊室……あばらや。　○孝弟友愛……親兄弟仲良くすること。　○輯睦《しゅうぼく》……やわらぎむつまじくすると。　○善良の俗……正直で温順な風俗。　○一邑興復の法……一つの村を復興させた方法。

第九　勧課

衰邑を興すには必ず先ず懶惰《らんだ》を作《おこ》す。懶惰を作すに索綯日課《ひごとなわない》の法を以てす。此の法は細民の情偽を試み、里正《りせい》の邪正を察し、小を積みて大を為すの道を示すものなり。何をか細民の情偽を試むと謂ふ。衰邑の民は懶惰放逸《らんだほういつ》にして、偶々《たまたま》興復の法を乞ふも亦た唯《た》だ一時の澤《たく》を求むるのみにして、全邑復古の実に於けるや漠然《ばくぜん》たり。家や邑や、廃《すた》れたるを挙げ衰へたるを興すこと、其の業固《もと》より大なり。未だ其の実無くして其の効ある者は有らざるなり。蓋《けだ》し富《ふ》なるものは外より来るに有らざるなり。其の内に生ずるや、猶ほ人身の元気有るがごときなり。厳冬に衣を襲《かさ》ねて煖かなるは衣の煖かなるに非ずして、煖かなるものは身中の元気に生ずるなり。若し死身にして元気無くんば則ち数衣を襲《かさ》ぬるとも亦冷たし。故に懶惰放逸にして勉励の心無き者は、恩澤を与ふと雖も、その家必ず復す可からず。豈に其の家を復せざるに止まるのみならんや。恩を受けて恩に答ふるの心無ければ、則ち却《かえ》つて為に斃《たお》るるに至る。之を疲馬の負擔《ふたん》に辟《たと》ふるに、其の力を量《はか》らずして漫《みだ》りに其の任を重くせば、則ち斃れざるもの希《まれ》なり。故に各戸に索綯《なわない》を課し、其の誠意の在る所を観て、以て成否の根基を察す。嗟乎《ああ》、索綯は至易の業なり。苟《いやしく》も此を以て念と為さば則ち隻身の者と雖も炊次《すいじ》猶能くす可きなり。兒女輩《じじょはい》も亦た為す可きなり。其の至易なること是《か》くの如くにして尚ほ勉励の心無きときは、則ち何を以てか其の家を復し其の邑を興さんや。何をか里正の邪正を察すと謂ふ。匹夫匹婦すら各々心在り。其の心を得ざれば、則ち汙俗を変じ惰風を興す可からず。必ずや誠心を細民の腹中に措《お》きて、而る後其の心を得る可きなり。若し私を銭穀会計に差し挟み、或いは処置するに法を偸《ぬす》み、或いは非理にして之を使役せば、則ち細民陽に其の非を言はずとも、陰に疾病事故と称して、以て日課を廃すこと猶ほ影響の形《けい》声《せい》に出づるが如し。以て里正の邪正を察す可きなり。何をか小を積みて大を為すと謂ふ。夫れ人道は小を積むを尊しと為す。何となれば小は即ち大の本にして、未だ始めより小ならずして忽然《こつぜん》として大を為すもの有らざるなり。凌雲《りょううん》の木も二葉に生じ、九仭《きゅうじん》の山も一簣《いっき》に起こり、千金の富も貧困に出づ。然るに徒《いたずら》らに巨大を望みて而して細行を怠るは小人の痛患なり。況んや数尋《すうじん》の索《なわない》、固《もと》より為すに足らずと為し、為すも亦た値《あたい》数銭の微にして、以て用を為すに足らずと為すは何ぞや。散じて集めざればなり。米粟の尊きも、粒散するときは則ち鳥雀《すずめ》の餌に充《あ》つるに過ぎず。集めては以て合升と為り、斗斛《とうこく》と為り、苟《つつ》んでは以て養命の功を全ふす。索綯も亦た然り。合すれば則ち以て家を復し邑を興すに足る。故に索綯法を授け、其の得失を算じて以て之を暁諭《きょうゆ》す。百家の邑、毎戸一日一房を索綯するときは、則ち周年の積、三萬六千房を得べし。房ごとに値五銭を以て之を計るに、則ち百八十七貫文なり。若し五房を綯《な》ふときは、則ち十八萬房、値九百三十七貫文を得べし。是れ分外より有余を生ずること、天より降り地に涌《わた》くが若《ごと》きなり。周年の責にして尚ほ斯《か》くの如し。況んや積年に於てをや。

若し夫れ懶惰にして日を度《わた》り、人ごとに其の課を廃するときは、則ち九百三十七貫文を失ふ。是れ分内に就きて不足を生ずるなり。勤倹なれば則ち有余を分外に得、怠奢なれば則ち不足を分内に生ず、怠勤奢倹の得失斯《か》くの如し。豈に戒めて勉めざる可けんや。然り而して民一房を綯へば則ち一房を給し、二房を綯へば二房を給し、十百千房に及ぶも亦た各々其の数を給し、以て其の勤労を補ふ。是れ猶ほ太陽の草木を照らす、一葉を生ずれば則ち一葉を照らし、十葉を生ずれば則ち十葉を照らし、百千萬葉に及ぶも亦照らさざる莫《な》きが如きなり。太陽の其の芽葉を照らし、草木発茂《はつも》し、仁澤其の勤労を補ひて民心興起すること自然の理なり。若し夫れ仁澤の其の勤労を補ふこと無ければ則ち諭《さと》す所の索綯法、唯民嘲《ただみんちょう》を招くのみ。夫れ唯だ其の勤労を補ふ。故に里正伍保自《おの》づから誠信に止まり、細民各々懶惰を戒め、終ひに大小貧富一様に力を戮《あわ》せて制を守らば、衰邑も必ず安富の故業に復するに至るや、亦自然の勢ひなり。

〈訳文〉

第九　勧課

衰邑を興すには必ず先ず怠惰を作興すべきである。怠惰を作興するには索綯日課の法による。この法は細民の誠意不誠意を試み、名主の邪正を察し、小を積んで大と為す道を教え示すものである。何を細民の誠意不誠意を試みるというに、衰邑の民は怠惰放逸であって、たまたま興復の法を乞うても唯だ一時の潤沢を求めるだけであって、全村を復旧しようとの気持ちは漠然としたものである。家でも村でも、衰廃したものを復興するということは、もとより大業であって、その気持ちが本当に無くて、その効をあげた者はないのである。そもそも富というのは外から来るのではなく、内に生じるものであることは、ちょうど人身に元気が有るようなものである。厳冬に衣類をかさねて暖かいのは衣類が暖かいからではなく、暖かいのは身中の元気から生ずるのである。死んだ身体には元気が無いから衣類を数枚かさねても冷やかである。故に怠惰放逸で勉励の気持ちのない者は、恩沢を与えてもその家は決して復興することはできない。しかも単にその家を復興することができないだけでなく、恩を受けて恩に答える心がないから、かえってこれがために斃れるに至るのである。これを譬えれば疲馬の重荷のようなもので、その力を量らないでみだりに荷を重くすれば、斃れないものはまれなのである。こういうところから、各戸に索綯（縄ない）を課し、その誠意のあるところをみて、復興の成否の根基を察するのである。ああ、索綯はいたってたやすい仕事である。いやしくもこれを心掛けさえすれば、独り者でも飯炊きの間に出来ることであり、女子供でも出来ることである。このように至って易しいことでさえ、なお勉励の心がないならば、何をもってその家を立て直し、その村を復興することができようか。

次ぎに名主の邪正を察すとはどういうことかというと、匹夫匹婦にも各々心がある。その心を得なければ汚俗を変じ惰風を興すことが出来ない。必ず誠心を細民の腹中においた上で、始めてその心を得ることが出来る。もし私心を公の銭穀会計に差し挟んだり、法の裏をかいた処置をしたり、或いは不条理に村民を使役したりすれば、細民は表向きはその非をいわなくても、陰に疾病とか事故とか称して日課を廃する。それは丁度影が形に伴い響きが声に応ずるようなものである。これによって名主の邪正を察することができる。

小を積んで大と為すということについていえば、およそ人道は小を積むことを尊ぶのである。なぜならば小は則ち大の本であって、未だかつて小から始めずに突如として大を為すものはないからである。雲を凌ぐほどの大木も二葉から生じ、九仞の山も一簣に起こり、千金の富者も貧困から出るのである。ところがいたずらに巨大なことを望んで細かい実行を怠るのは小人の痛患である。まして数尋の縄など綯っても仕方がないといい、綯ったところでその値は微々たるものであって何の用にも足らぬというが、それは散じて集めないからである。米粟という尊いものでも一粒づつ散じるときは雀の餌にあてるに過ぎない。しかし、これを集めたら合となり升となり、斗となり石となり、俵に入れては養命の功を全うするのである。索綯も同様である。合すればそれによって家を復し村を興すに足る。それゆえに索綯法を授け、その得失を数え上げて、よくよく諭すのである。

百戸の村で、戸毎に一日縄一房をなえば、一周年の積は三万六千房となる。一房五銭として計算すれば百八十七貫文である。もし五房をなえば、十八万房、その値九百三十七貫文を得られる。これこそ分外から有余を生じたもので、天から降り、地から涌いたようなものである。一年の積でこのとおり、まして積年においては莫大なものとなる。ところが、もし怠惰に日を過ごし、各人がその日課を廃すれば、年に九百三十七貫文を失う。これは分内について不足を生ずるのである。勤倹なれば分外に得、怠奢なれば不足を分内に生ずる。怠・勤・奢・倹の得失はこのとおりである。どうして戒めて勤めないでおれようか。

そこで仕法主体は、民が一房をなえば一房を加え、二房をなえば二房を与え、十百千房に及んでもその数を与えて、その勤労を補うのである。これは丁度太陽が草木を照らすのに、草木が一葉を生ずれば一葉を照らし、十葉を生ずれば十葉を照らし、百千萬葉に及んでも照らさないことがないのと同じである。太陽が芽葉を照らして草木は伸びしげり、仁沢が勤労を補って民心が興起するのは自然の理である。もしも仁沢によってその勤労を補うことがなければ諭すところの索綯法はただ民の嘲を招くだけである。その勤労を補うということが有る限り、名主・組頭たちも自ずから誠心に止まり、細民は各々怠惰を戒め、遂に大小貧富一様に力を合わせて仕法を守り、衰えた村が必ず富み安らかな昔の姿に復するようになるのも亦自然の勢いである。

〈語義〉

○衰邑……疲弊した村。　○懶惰《らんだ》を作《おこ》す……不精者をおこす。　○細民の情偽を試み……貧民の誠の心と偽りの心を試す。　○里正の邪正を察し……名主がよこしまか正しいかを推察する。　○懶惰放逸……不精でわがままなこと。 ○澤《たく》……贅沢。 ○漠然……ぼうとしてはっきりしないさま。 ○人身……人体。 ○勉励の心……つとめはげむ心。 ○恩澤……めぐみのうるおい。 ○疲馬の負擔……疲れた馬の重荷。 ○成否の根基……成功するか失敗するかの根底。 ○至易の業……至って易しい仕事。 ○念……おもい。 ○隻身の者……独り者。 ○炊次……炊事の間。 ○兒女輩……女や子供。 ○匹夫匹婦……身分の卑しい男や女。 ○汙俗……けがらわしい風俗。 ○惰風……怠惰な風習。 ○私を銭穀会計に差し挟み……帳簿をごまかすこと。 ○処置法を偸《ぬす》み……法の裏をかくこと。 ○非理……道理にあわないこと。 ○使役……人を使うこと。 ○影響の形声に出づる……影が形に伴い、響きが声に応ずるようなものである。 ○小を積みて大を為す……報徳学の重要な原理である。『二宮先生語録』に「世道小を積んで大と為す。日課索綯法の如き、人々疑はず之を勉む。是れ天下の法と為す可きなり。……今此に大家有り、是れ暴《にわ》かに大家と為るに非ず。始め一耒一発の小を積んで遂に大家と成るものなり。且つ夫れ芝の中堂の両楹《りょうえい》、及び永代橋の梁柱の如き巨材と雖も、其の初め細子より生じ、幾百星霜を経、風雨に冒され、寒暑を凌ぎ、日夜精気を運《めぐ》らし、而して長大と成るものなり。豈にただに古の細子のみ此の如くならん。今の細子も亦然り。然らば則ち古の細子は今の大木、今の細子は、後の大木なり。人宜しく此の理を明弁して大を羨《うらや》まず、小を恥じず速やかなることを欲せず、夙夜黽勉《しゅくやびんべん》、以て小を積むの功を奏すべきなり。」とある。 ○忽然……突然。 ○一簣○凌雲の木……雲を凌ぐような高い木。 ○九仞の山……一仞は八尺、築山の高さをいう。

……一杯のもっこ。　○細行……小さな実行。　○小人の痛患……無知の民の痛ましい患い。　○数尋の索……縄のながさ、一尋は六尺。　○粒散する……一粒づつ散ること。　○合升と為り、斗斛と為り……一合、一升となり、一斗、一石となるということ。　○養命の功を全ふす……命を養う功を果たすということ。　○得失を算じ……損得を計算すること。　○暁諭《ぎょうゆ》す……おしえさとすこと。　○周年の積、三萬六千房……周年は一年のことであり、一日一房、一年三百六十房であるから、百戸で三万六千房となる。　○分外……天より与えられた以外のもの。　○芽葉……芽や葉。　○草木発茂し……草木が生い茂ること。　○民心興起する……民の生産意欲が興隆すること。　○民嘲を招く……民のあざけりを招く。　○里正伍保……名主や組頭。　○誠信……誠実。　○安富の故業……富み安らかな昔の姿。

第十　挙　直（上）

廃国を挙げ衰邑を興すの道は、直《なお》きを挙げて枉《まが》れるを錯《お》くに在り。直きを挙るに投票を以てするは則ち自ら用ひずして諸《こ》れを人に執るものなり。苟も自ら用ひば、則ち大業を得て成す可からず。廃《すた》れたるを挙げ、衰へたるを興《おこ》すは大業なり。故に一村を挙ぐる自《よ》り、以て善を賞し窮《きゅう》を恤《あわれ》み屋《おく》を葺《ふ》き室を造るに至るまで、皆投票を用ふるなり。且つ夫れ廃れたるを挙げ衰へたるを興すに必ず仁術を施す。民の仁術を慕ふこと、猶ほ大旱《たいかん》の雲霓《うんげい》を望むが如きなり。成湯《せいとう》の征伐するや、東面すれば則ち西夷《せいい》怨み、南面すれば則ち北狄《ほくてき》怨む。封内の民の仁術を慕ふも亦た然り。然して一邑を数百邑中に抜くこと、豈に一人の見聞の能《よ》く及ぶ所ならんや。故に投票を以て孝弟力農なること封内に出づるの邑を挙げて以て仁術を布《し》けば、則ち封内の民、仁術に沐せんと欲するなり。相ひ率ゐて精励に赴《おもむ》かんこと、譬へば一折《ひとおれ》の薪《まき》を一束薪中《いっそくしんちゅう》に撃つては、即ち一束薪中に厳粛を加ふるが如きなり。是《か》くの如くなれば、則ち其の仁術を施すこと未だ半ばに及ばずして而も全国復興す。是れ自然の勢ひなり。之を米を舂《つ》くに譬《たと》ふれば、一処を舂きて怠らざれば、則ち米粒杵を受くると否と盡《ことごと》く精粲《せいさん》に帰するが如し。投票は杵なり、邑民は米なり。一意黽勉《びんべん》、投票を以て的と為し、歳々善者を挙げ以て之を賞す。是れ大業を成すの要道なり。曰く、邦君民を仁すれば須《すべか》らく偏《あまね》く恵澤《けいたく》を布くべし、何ぞ其れ之を一邑に施すやと。曰く、封内に偏く恵澤を布くは、是れ水旱飢《すいかんき》疫《やく》を済《すく》ふの術にして廃れたるを挙げ衰へたるを興すの法に非ざるなり。夫れ衰邑の民為るや、生業を勧《つと》めず、怠惰放逸至らざる所無し。故に其の衰へたるを挙げんと欲する者は必ず先づ怠惰を作《おこ》す。怠惰を作すの術は挙直錯枉《きょちょくさくおう》に在り。乃ち孝弟力田《りきでん》して衆に越ゆる者を挙げ、褒賞を与へて之を表旌《ひょうせい》し、以て一邑の模範と為せば、則ち怠惰変じて勤倹の民と為るは此れ理の必然なり。今、百家の邑有り、其の四十九家は勤倹富優にして、其の五十一家怠惰貧困なるときは、則ち貧を恥とせず。人情恥を知らざれは則ち無状にして至らざるは莫し。若し夫れ其の五十一家は勤倹富優にして、其の四十九家怠惰貧困なるときは、則ち自ら貧を恥とす。人心恥を知らば則ち以て善に赴く可し。夫れ一邑中、貧しき者の富める者に勝りしならんには則ち貧に傾き、富める者の貧しき者に勝りしならんには則ち富に傾くこと、譬へば権衡《はかり》の如く然り。左の重きこと一厘なりしには則ち左に傾き、右の重きこと一厘なりしには則ち右に傾き、二厘三厘と愈々重からんには則ち其の傾きや愈々多し。是れ又必然の理なり。故に勤倹を賞して怠惰を作し、富める者をして貧しき者に勝り、貧しき者をして恥を知らしむるは、廃れたるを挙げ衰へたるを興すの道なり。若し夫れ偏く恵澤を封内に布くことは、大いに倉廩府庫《そうりんふこ》を発《ひら》くも、亦た一戸受くる所は僅々たる零数のみにして、何ぞ以て廃国を挙げ衰邑を興すに足らんや。独り仁君の声有りと雖も、而も興国安民の実効を奏するに至らざらんや。蓋し大いに倉廩府庫を発くは、富国猶ほ難しと為す、況んや廃国に於てをや。

故に先づ之を施すに一邑従《よ》りするときは、則ち度外の財未だ多からずと雖も、然も以て徧く仁術を布くに足るなり。一邑成りて而して二邑に及ぼし、二邑従りして三邑に及ぼさば、則ち一邑の成る毎とに輒《たちま》ち度外の財を益す。故に其の成功尤《もっと》も速やかなり。嗚呼、直きを挙げて枉れるを錯き、一従《よ》りして而も萬に至る、是れ廃国を挙げ衰邑を興すの道なり。

〈訳文〉

第十　挙直（上）

廃国・衰村を復興する道は「直きを挙げて、枉れるを錯く」にある。直きを挙げるに投票をもってするのは、自己の判断を用いないで人の意見を取るのである。自己の判断を用いるならば、大業は成就することができない。衰廃を復興するのは大業である。それ故に一村を選ぶことから、善者を賞し、困窮者を恵み、屋根を葺き、部屋を造ることに至るまで、みな投票を用いるのである。また衰廃を復興するには必ず仁術を施す。民が仁術を慕うことは、ちょうど日照りの時に雨雲を望むようなものである。昔、殷の湯王が征伐する時、東に向かえば西の部族が恨み、南へ向かえば北の部族が怨んだ。領内の民が仁術を慕うのもこれと同様である。ところで一村を数百村中から選抜することは、どうして一人の見聞で行うことができようか。それ故に投票によって孝弟力農の領内に秀でる村を挙げ、そこに仁術を布けば、領内の民はその仁術に浴したいと思い、相率いて精励に赴く。それはたとえば一本の割木を薪の束の中に打ち込むと、一束の薪全体が引き締まるのと同様である。このようになれば、その仁術を施すこと半ばに及ばないで全国が復興する。これは自然の勢いである。これを臼で米をつくのに譬えると、一ヶ所をついて怠らなければ、米粒は杵を受けたのも受けないのも共に悉く精米になる。投票は杵である。村民は米である。一意勉励、投票をもって的として、年々善者を挙げてこれを賞する。これが大業を成就するための要道である。

しかし、国君が民を慈しむには、須らくあまねく恵沢を布くべきである。然るにどうしてこれを一村に施すのか、と問うものがあろう。それは、領内にあまねく恵沢を布くのは、水害・干害・饑饉・疫病などを済う方法であって、衰廃を復興する方法ではない。衰村の民というのは、生業を勤めないで怠惰放逸至らざるところなしという状況である。それ故にその衰廃を復興しようという者は必ずまず怠惰を作興する。怠惰を作興する方法は挙直錯枉にある。すなわち孝弟力田、衆にこえる者をあげて賞を与えて表彰し、一村の模範とすれば、怠惰が変じて勤倹の民となる。これは理の必然である。今、百戸の村があるとすると、その内四十九戸は勤倹富優で、その内の五十一戸が怠惰貧困であるときは、貧を恥としない。人情が恥を知らなければ、あらゆる悪徳が生じる。もしその内五十一戸は勤倹富優で、その内の四十九戸が怠惰貧困であるときは、おのずから貧を恥とする。人心が恥を知れば善に赴くことができる。一村の内貧者の数が富者の数に勝るときは村は貧に傾き、富者の数が貧者の数に勝るときは村は富に傾く。それはたとえば竿秤《さおばかり》のようなものである。左が一厘重ければ左に傾き、右が一厘重ければ右に傾き、二厘三厘と重くなるに従って傾きも多くなる。これまた必然の理である。それ故、勤倹を賞して怠惰を作し富者の数を貧者の数に勝たせ、貧者をして恥を知らしめることが衰廃を復興する道なのである。もしもあまねく恵沢を領内に布くことは、大いに米倉や金庫を開いて与えたとしても、一戸の受ける米金は微々たる少額であって、どうして廃国を挙げ、衰村を興すに足りようか。ただ仁君の声望は得られようが、興国安民の実効を奏するには至らないのである。考えるに、大いに倉庫金庫を開いて与えるということは、富国であっても困難である。まして廃国においては尚更である。そこでまずこれを実施するのに一村からすれば、度外の財は多くなくても、村内にあまねく仁術を布くことができる。一村が復興して二村に及ぼし、二村から三村に及ぼしていけば一村が完成するごとに度外の財が増してくる。それ故にその成功は尤も速やかである。ああ、「直きを挙げて、枉れるを錯」き、一からして万に至るという方法こそ廃国衰村を復興する道である。

〈語義〉

○廃国……滅びた国、ここでは国としての体を為さなくなった国をいう。　○直きを挙げて枉れるを錯く……『論語』為政篇に見える言葉。　○大業……重大な事業。　○善を賞し窮を恤み屋を蓋き室を造る……善者を賞し、困窮者を恵み、屋根を葺き、部屋を造ること。　○仁術……仁を行う方法。　○大旱……甚だしい日照り。　○雲霓《うんげい》……雲と虹。　○成湯……殷の湯王。以下の文は湯王の仁徳を讃えた文であり、『孟子』梁恵王下篇第十一章に見える。○西夷……西に住んでいる文化の開けていない民族。一般には西戎という。夷は東の民族に対して云う。○北狄……北に住んでいる文化の開けていない民族。○精励……力を尽くしてつとめはげむこと。○厳粛……おごそか。○米を舂く……精米すること。○精粲《せいさん》……美しい米。○一意黽勉《びんべん》……一つのことに意を注ぎ、勉め励むこと。○要道……大切な方法。○恵澤……慈恵と恩沢と。○水旱飢疫を済ふ……水害・干害・饑饉・疫病などを済う　○生業……生活のためのわざ。○怠惰放逸……なまけて、わがままなさま。○褒賞を与へて之を表旌し……褒美を与えて善美な行為をひろく世に表し示すこと。○無状……取り立てていうほどの善い行いや功のないこと。○権衡……はかりのおもりとさお。○一厘……一貫の十万分の一。○倉廩府庫《そうりんふこ》……米蔵と財貨を収め入れておく蔵。○零数……はした数。○興国安民の実効……国を興し、民が安心して生活できるための実際の効力。

第十一　挙　直（下）

衰邑の民為るや、必ず本業を怠り末作《まっさく》に走り、遊惰に甘んじて飲博《いんぱく》を事とす。而も姦猾《かんかつ》なるもの之が邑長《むらおさ》と為り、偶々《たまたま》淳朴にして業を勤むる者有らば、則ち之に目して頑愚と為し、遊惰の奸民熾《さか》んにして勤倹の良民衰へ、良奸勤惰の顛倒錯乱《てんとうさくらん》すること猶ほ薄書の散じ小魚の混ずるがごときなり。薄書は散ずと雖も豈に表裏上下無からん、小魚は混ずと雖も何ぞ首尾背腹無からん、民心衰ふと雖も、安んぞ天賦《てんぷ》の良心無からん。故に外簽《がいせん》を探り上下を索《も》めて以て之を正さば則ち幾多の薄書と雖も方正に帰せざるは莫く、首尾を捜り背腹を覓《もと》めて以て之を正さば則ち幾多の小魚と雖も整斉の帰せざるは莫《な》し。投票を以て良民を求めて以て之を挙ぐれば、則ち闔邑《こうゆう》の民悉く善良に帰す可きなり。曰く、投票を以て良民を挙ぐるは如何《いか》にすべき。闔邑の民を会し之に諭して曰く、邦君の仁滋に出でて衰邑興復の法を降し、将《まさ》に勤倹篤行の善者を挙げ以て褒賞を与へて家道永安の法を授けんとす。然りと雖も闔邑戸口の衆《おお》き、何を以てか其の勤惰得失を辨ずるを得んや。故に汝をして之を撰ばしむ。汝、誠心思慮して以て汝が知る所を挙げよ。親戚故旧を以て私意を生ずること勿《なか》れ、威強を懼《おそ》るること勿れ、他と相ひ謀ること勿れと。諭《さと》し畢《おわ》り而して投票の多寡を査して以て賞級を定め、給するに賞金及び農器を以てし、且つ高票者別に恩貸《おんたい》を行ひ、以て家道永安の資と為す。毎歳の歳末之を施行し、循環して止まず、闔邑洽《あまね》く澤し、全然旧に復するを以て期と為すこと、猶ほ田畝を耕すに一耒《ひとすき》に起こり、積んで以て成るがごとし。曰く、善を挙げ賞を与ふる、褒貶《ほうへん》の繋《つな》がる所宜《よろ》しく官撰以て之を挙ぐべし、何ぞ之を民に委《ゆだ》ぬるや。水は湿《うるお》へるに流れ、火は燥《かわ》けるに就く。同声相ひ応じ、同気相ひ求め、善者は必ず善者を挙げ、不善者は必ず不善者を挙ぐ。不善者賞を得るの弊を起こすを恐るなりと。曰く、十室の邑、必ず忠信なるもの有り、小邑豈に善人無からんや、官其れ之を挙げんか。然れども是れ固より成徳の君子に非ず、庸中の佼々《こうこう》たる者のみ。其の気質たるや偏無きこと能はず、僻《へき》無きこと能はず。故に官之を挙ぐれば則ち民必ず其の偏僻を揚げて以て之を誹り、或いは以て諂諛《てんゆ》と為し、或いは以て左《さ》袒《たん》と為す。如《も》し其れ過有るときは則ち官も亦た過ちて挙げたるの譏りを逸《まぬか》れず。是れ諸れを人に取らずして自ら用ふるの過ちなり、伝に曰く、舜問ふことを好みて、好みて迩言《じげん》を察すと。是れ舜の大知為《た》る所以なり。故に善者を撰ぶは投票を用ふるに若《し》くは莫きなり。夫れ官吏偶々《たまたま》哀邑に臨みて善者を撰ばんに、何を以て偏《あまね》く其の実を知ることを得ん。仮令《たとい》、偶々其の実を得るも、焉《な》んぞ邑民の固より之を熟知するに如かん。且つ不善者と雖も必ず善悪を辨ずるの良知有り。故に民をして之を撰ばしめば必ず当たるなり。伝に曰く、十目の視る所、十手の指す所、其れ厳なるかなと。十目十手の撰ぶ所は必ず差《たが》はず。若し夫れ私意を生じ、或いは親戚を指し、或いは恩人を挙げ、或いは朋友を撰ぶも、亦其の罪邑民に帰して、而して官吏は与からず。偶々以て民情を知るに足るなり。若し当票者、田畝を耨《くさぎ》らざるか。則ち井地《せいち》案行《あんこう》の日に当たりて投票者を召し、誡めて曰く、汝、何ぞ若《か》くのごとき惰農を挙げて以て力田するものと為せるや、即ち汝の過なり。汝当《まさ》に之に代はり、易りて耨り以て其の過を補ふべしと。機に随ひて訓戒を施さば、即ち民自ら罪を知りて過を改め、遊惰作《おこ》りて精励と為り、姦猾《かんこつ》化して善良に帰し、末作を捨てて本業を務め、群飲博奕《ばくち》の弊銷《しょう》じ、淳朴廉恥《じゅんぼくれんち》の風興る。是に於てか衰邑以て復せん。廃国以て興らん。

〈訳文〉

第十一　挙直（下）

衰村の民というのは、必ず本業を怠り、末作に走り、遊惰に甘んじ、酒や賭博を事とし、そうして腹黒く悪賢い者が名主となる。たまたま淳朴で本業を勤める者があれば、これを目指して頑愚といい、遊惰の奸民が盛んで勤倹の良民は衰え、良奸・勤惰が転倒し、錯乱する有様は、帳簿がばらばらに散り、小魚が入り雑じっているようなものである。帳簿は散乱したといっても、それぞれのページに表裏・上下が無いわけではない。小魚はごたごたしているといっても、首尾・背腹が無いわけではない。民心が衰えたといっても、どうして天賦の良心が無いことがあろうか。それ故に見出しを探り、上下を索めてページを正せば、幾多の帳簿といってもきちんと整い、頭と尾、背と腹を探り求めて並べれば、幾多の小魚といっても正しく揃えられないことは無い。同様に、投票をもって良民を求めて、これを挙げるならば、全村の民が悉く善良に帰すようになる。

投票を以て良民を挙げるにはどうするかといえば、全村の民を会合させ、このように諭すのである。「わが君の仁滋の御心から衰村興復の法を布かれ、ここに勤倹篤行の善人を挙げて褒賞を与え、家道永安の法を授けることとなった。とはいっても全村の戸口は多いのであるから、官の手によって勤惰得失を弁知することはできない。そこで汝らにこれを選ばせるのである。汝らは誠心誠意思慮して、汝らの知っている善者を挙げよ。親戚や仲間同志だといって私意を以て選んではならぬ。圧力を恐れてはいけない。他人と相談してはならぬ。」このように諭してから投票させ、その多寡を調べて賞与の等級を定め、賞金や農器を給与し、また高票者には別に無利息金を貸し与えて家道永安の資とさせる。毎年歳末にこれを施行し、循環して止まず、全村があまねく沢し、全く旧に復するまでを期限とする。丁度田畝を耕すに一鍬ずつから始め、百鍬千鍬を積んで成就するのと同様にするのである。

或いはこういうであろう。善を挙げ賞を与えるのは、批判の対象となることである。よろしく官撰をもって挙げるべきである。どうしてこれを民に任せるのか。「水は湿《うるお》へるに流れ、火は燥《かわ》けるに就き、同声相ひ応じ、同気相ひ求む」ものであり、善者は必ず善者を挙げ、不善者は必ず不善者を挙げて、遂に不善者が賞を得るというような弊害を起こすことになることを恐れるのである、と。

答えていえば、「十室の邑、必ず忠信なるものあり」というように、小さな村にも善人が無いわけではない。しかし、官吏がこれを選び挙げたらどうなるか。その善人といっても、もとより成徳の君子ではない。凡庸の中でやや優れているだけのことである。その気質も偏《かたよ》ったところが無いということではない。癖が無いということでもない。それ故、官吏がこれを選べば、民衆は必ずその偏りや癖を挙げてこれを誹《そし》り、或いは御機嫌をとったからだとか、官吏に加担したのだという。もしその者に過ちがあれば、官吏もまた過って挙げたという誹りを免れない。これは人に選ばせないで自ら行った過ちである。だから善者を選ぶには投票を用いるに勝ることはないのである。伝に「舜問ふことを好みて、好みて迩言を察す」とあるが、これこそ舜の大知たる所以である。

官吏がたまたま哀邑に臨んで善者を選ぶとすれば、どうしてあまねく村民の実情を知ることができようか。喩えたまたま実情を知ることができたとしても、どうして村民が元々熟知していることに及ぶことができよう。また不善者といっても、必ず善悪を弁えるという良知は持っているのである。それ故村民をして善者を選ばせば、必ず当たるのである。伝に「十目の視る所、十手の指す所、其れ厳なるかな」とある。十目十手の選ぶところは必ず間違いはない。もし私意によって、或いは親類を指し、或いは恩人を挙げ、或いは朋友を選んだとしても、その罪は村民に帰して官吏の責任ではない。却ってそれにより民情を知ることになるのである。もし当選者が田畝の草取りをしないようなことがあれば、農地を巡視する日に当たり、投票した者を呼んで、こう戒めるのである。「汝らは、どうしてこのような惰農を精農者として選んだのであるか。これは汝らの過ちである。汝らは代わって草取りを行いその過ちを補うべきである」と。このように機に応じて訓戒を施せば、民衆は自然に罪を知り、過ちを改めて、遊惰から立ち直って精励となり、悪賢いのが化して善良となり、末作を捨てて本業を務め、酒盛りや賭博の弊風が消えて淳朴廉恥の風が興ることになる。このようになって衰邑は復し、廃国は興るのである。

〈語義〉

○本業……その人の主とする職業、ここでは米作をいう。○末作に走り……末の仕事、農業を本とするのに対し、商工業をいうが、ここでは、米作に対して、他のものを植えたりすることをいう。○遊惰に甘んじ……遊び怠って満足する。○飲博……酒と賭博。○姦猾なる者……腹黒く、悪賢い者。○邑長……村長　○淳朴……素直で飾り気がないこと。○頑愚……かたくなで愚かなこと。○遊惰の奸民熾《さか》んにして勤倹の良民衰へ……遊び怠り、悪巧みをする者の勢いが強くなり、勤労倹約に努める善良な民は衰える。○良奸勤惰の顚倒錯乱《てんとうさくらん》すること……善良な民と悪巧みをする者、勤労に努める者と怠惰な者が逆様になり、入り乱れてしまうこと。○薄書の散じ小魚の混ずる……帳簿がバラバラに散り、小魚が入り雑じっている様子。○表裏上下……帳簿のバラバラに散乱したページにも裏表や上下があること。○首尾背腹……小魚には頭と尾、背と腹があること。○天賦の良心……天から分かち与えられたところの良心。○外簽《がいせん》……書籍の外題、みだし。○方正……心または行状が正しいこと。ここでは正しく並ぶこと。○背腹を覓め……背や腹を捜しもとめること。○整斉……整い揃っていること。○闔邑《こうゆう》の民……全村の民。○仁滋……慈しみ恵むこと。○衰邑興復の法……衰えた邑を復興させる方法。○勤倹篤行の善者……勤勉で節倹であり、人情に厚く、親切な善人。○家道永安の法……家計が永久に安泰な方法。○勤惰得失を弁ず……勤倹か怠惰か、その利害を区別すること。○誠心思慮……偽りのない心で考える。○親戚故旧……親類や古くからのなじみ。○私意……私情を交えた公平でない心。○威強を懼《おそ》る……威勢の強い者に遠慮する。○多寡を査し……多い少ないを調べる。○賞級……賞与の等級。○恩貸……めぐみ。○洽く沢し……広くゆきわたって、恵みを受ける。○一耒……一つの鋤。○褒貶……ほめることとそしること。○官撰……官府で選び挙げること。○十室の邑、必ず忠信なるもの有り……『論語』雍也篇に見える。○成徳の君子……大成した徳の立派な人物。○庸中の佼々《こうこう》たる者……平凡な中でやや優れた者。○気質……こころだて。○偏無きこと能はず、僻無きこと能はず……偏りや癖がないわけではない。○偏僻を揚げて以て之を誹り……偏りや癖を並び立ててこれを非難する。○諂諛《てんゆ》……こびへつらう。○左袒……味方すること。○伝に曰く、舜問ふことを好みて、好みて迩言《じげん》を察すと……『中庸』に見える。○舜……シナ古代の五帝の一人、堯の摂政となり、堯の歿後、帝位につき大いに国を治めた。○迩言を察す……卑近な野人の言葉を理解する。○大知……ひどくすぐれた智恵。○熟知……詳しく知ること。○良知……人の生まれながらにそなえた善に赴こうとする知能。○伝に曰く、十目の視る所、十手の指す所、其れ厳なるかなと……

『大学』に見える。意味は、自分一人でしたことも、世人は皆之を知っている、畏るべきの甚だしいものである。という意。　〇十目十手……十人の目、十人の手。　〇朋友……ともだち。　〇民情……人民の情態。　〇当票者……当選者。　〇田畝を耨らざる……田畑の草をとらない。　〇井地《せいち》案行《さっこう》の日……田畑を調べ歩く日。　〇訓戒……さとしいましめること。　〇精励……力を尽くして勤めること。　〇群飲博奕《ばくち》の弊銷《しょう》じ……群がって酒を呑み、博打をするという弊害が消えて、　〇淳朴廉恥の風興る……素直で飾り気がなく、恥を恥じる気風が興る。

第十二　開墾（上）

国の国為《た》る所以《ゆえん》は田有るを以てなり。田の田為る所以は農有るを以てなり。故に農業盛んなれば則ち田墾《ひら》け国富み、農業衰ふれば則ち田蕪《あ》れ国貧し。然り而して国に上下有り。地に肥瘠《ひせき》あり。上国は肥地にして常に富み、下国は瘠地《せきち》にして常に貧し。其の故は何ぞや。肥地は利多く、瘠地は利少なし。利多ければ則ち民農を力《つと》む。民農を力むれば則ち土地荒蕪《こうぶ》の患《わずら》ひ無きなり。利少なければ則ち民農を怠る。民農を怠れば則ち土地荒蕪の患ひ有り。是れ下国瘠地の衰廃を免《まぬか》れざる所以なり。其の衰へたるを挙げ、其の廃《すた》れたるを興す、宜《よろ》しく荒蕪を墾き以て地力を盡すべきなり。其の荒蕪を墾くや、先後得失有り。水田膏腴《こうゆ》の近地を先きにし、白田瘠薄《はくでんせきはく》の遠地を後にす。水田は耕耘便にして、而して肥えば穫多く、白田は鋤耕《じょこう》に労して、而して瘠せれば穫少なし。耕耘に便にして穫多ければ則ち民利を得る。民利を得れば則ち土徳を知る。苟《いや》しくも土徳を知らば、則ち遠地瘠薄随ひて挙がる。鋤耕に労して穫少なければ、則ち民利を失ふ。民利を失はば、則ち土徳を忘る。苟《いやしく》も土徳を忘れば、則ち近地膏腴も亦随ひて廃る。其の先後を明らかにし、其の得失を弁じ、民をして之を墾かしめ、給するに資糧を以てす。易地一段に金一両、或いは二両を給し、難地一反、三両より五両に至る、若し夫れ至難の地は宜しく数十金を給すべきなり。蓋し日月の照らす所、霜露《そうろ》の墜《お》つる所、能く其の地力を盡さば、豈に五穀不生の地有らんや。若し夫れ五穀不生の地は以て竹木を種《う》う可きなり。若し夫れ竹木不生の地は以て草場と為す可きなり。夫れ斯《か》くの如くなれば、則ち国に廃蕪《はいぶ》無く、山林暢茂《ちょうも》し、百穀豊足す。是れ富国安民の道なり。曰く、至難の地を墾くに数十金を給すは、段田の産粟、数十歳を積むと雖も、而も入は出を償ふ可からず。然らば則ち何の益かあらん。豈に不墾の愈《まさ》れるに如《し》かんやと。曰く、国君は民の父母なり。父母の児を育つるや、誰か損益を論ぜん。父母為る者、皆其の児の長ずるを楽しみて、而して其の費を顧みず。国君の民を養ふ、安んぞ其の費を吝《おし》む可けんや。田なるものは生民の本なり。田無くんば則ち民何を以て生を為さん。故に闢荒新墾《へきこうしんかい》を論ずる無く、或いは客土《かくど》を以て瘠土《せきど》を変じて沃野と為し、或いは陂塘《はとう》を築き溝渠《こうきょ》を鑿《うが》ち以て水利を興す。凡そ民を利する所以のものは其の費を吝《おし》まず。苟も民に利あらば百金を一畔《いっぱん》に擲《なげう》つも亦た為す可きなり。譬《たと》へば銭貨の若《ごと》き然り。一銭の鋳造、工費必ず数銭を用ゆ。是れ銭の至宝たる所以なり。若し夫れ一銭を費やして以て数銭の利を得ば、未だ以て至宝と為すに足らざるなり。則ち百金を擲《なげう》つて其の租僅かに一金を得。国益焉《こ》れより大なる莫きは何ぞや。廃蕪瘠薄の甚だしき、国君の資糧を給するに非ざるよりんば、終古開墾の期無ければなり。一旦之を墾いて以て良田と為し、民之を耕して以て穀粟を生ぜば、則ち民之を利して而も君も亦た其の利を受くこと、猶ほ児長ずれば則ち父母の奉養自づから其の中に存するがごときなり。豈に是れ国益至宝に非ざらんや。然りと雖も、国用度を失ひ、負債以て之を補ふことは断じて為す可からざるなり。何となれば、負債は償はれざれば則ち利を生ずること極まり無し。産粟啻《ただ》に本金を償ふ能はざるのみならず、以て其の利を還すに足らざればなり。嗚呼、此れ我が道の分度を尊ぶ所以なるか。

〈訳文〉

第十二　開墾（上）

国が国である所以は田が有るからであり、田が田である所以は農民がいるからである。それ故に農業が盛んであれば田は墾け、国は富み、農業が衰えると田は荒れて国は貧しくなる。そうして国には上下があり、土地には肥瘠《ひせき》がある。上国は肥地が多く常に富み、下国は瘠地《せきち》であって常に貧しい。それは何故であるか。肥えた土地は利益が多く、瘠せた土地は利益が少ない。利益が多ければ民は農事に努め、民が農事に努めれば土地が荒廃する恐れはない。ところが利益が少なければ民は農事を怠り、農事を怠れば土地が荒廃する憂いがある。これが下国瘠地が衰廃を免れない理由である。

その衰廃を復興するには、荒地を開墾して地力を最大限に発揮させなければならない。荒地を墾くには前後得失がある。近所のよく肥えた水田に適した土地を先にし、遠方の瘠せた畑地に適した土地を後にするのである。水田は耕作に便利であり、肥えたものは収穫も多い。それに対して、畑は耕作に骨折れ、瘠せたものは収穫も少ない。耕作に便利で収穫が多ければ民は利益を得る。民は利益を得れば土徳を知る。かりそめにも土徳を知れば、遠方の瘠せた土地まで随時開けていくものである。ところが耕作に苦労して収穫が少なければ民は利益を失う。民は利益を失えば土徳を忘れる。かりそめにも土徳を忘れれば、近くのよく肥えた土地までも次第に廃れていくものである。

その前後得失を明弁した上で、農民をして開墾に従事させ、開墾の費用を支給するのである。作業が容易な土地は一反につき金一両または二両、困難な土地には一反三両から五両を支給し、開墾至難の土地には数十両でも支給すべきである。考えてみるに日月の照らすところ、霜露の下りるところは、その地力を発揮したならば、どうして五穀の生じない土地があろうか。もし五穀のよくできない土地であれば、竹木を植えればよい。もし竹木も生えない土地であれば草場とすべきである。このようにすれば、国中に荒地は無くなり山林は伸び茂り、百穀は豊かに稔る。これこそ富国安民の道である。

あるいはいうであろう。「至難の土地を開墾するのに数十両も支給するというが、その土地の産粟を数十年積んだところで、その収入は支出を償うことはできない。してみれば何の利益もない。開かないままの方がよいではないか。」と。国君は民の父母である。父母が児を育てるのに、だれが損得を論じようか。父母というものは、皆その児の成長を楽しんで、その為の費用など考えるものではない。国君が民を養うのに、どうしてその費用を惜しむことがあろうか。田というものは生民の根本である。田が無ければ民はどうして生活をしていけよう。それ故に荒地を興すにしろ、新たに開墾するにしろ、或いは客土をもって瘠せた土地を沃野に変え、或いは堤防を築き溝を掘って水利をよくするなど、およそ民の利益となることには費用を惜しまないのである。少しでも民に利益になることであれば、百両を一つの畔に投げ出すこともすべきである。これを銭貨に譬えれば、一文銭の鋳造にはかならず数文の経費がいる。銭が至宝であるのはこのためである。もし一文の費用で数文の利益を得るならば至宝とするには足らないのである。百両の金を投じて開墾してわずかに一両の租であったとしても、国としてはこれより大きい利益はないのである。なぜならば甚だしく荒れた瘠せている土地は、国君が開発料を支給するのでなければ、永遠に開墾する機会がないからである。一旦これを墾いて良田とし、民が耕作して米や麦を生ずるようになれば、民はこれにより利益を受けることになるのである。それは丁度児が成長すれば、自然と父母を孝養するようになるのと同じことである。どうしてこれが国益至宝でないことがあろうか。とはいっても、国用の度を失い、負債で以てこの開発料を補うということは絶対にしてはいけないことである。なぜならば、負債は償還しなければ再現なく利息を生ずるが、開墾地の産粟では元金を返済することができないばかりでなく、その利子さえも返すに足りないからである。ああ、それ故に我が道の分度を尊ぶ理由なのである。

〈語義〉

○肥瘠《ひせき》……肥えた土地と痩せた土地　○上国……作物の多く取れる国。　○肥地……地味の肥えた土地。　○下国……作物のあまり取れない国。　○瘠地……地味のやせた土地。　○土地荒蕪の患ひ……土地が荒れ果て雑草が繁る悩み。　○膏腴《こうゆ》の近地……あぶらづいた腴（腴は腹の下の肥えた処）のような土地。つまり、地味が肥えて穀物などが充分にできる近い土地。　○白田瘠薄《せきはく》の遠地……水がなく、地味のやせた遠い土地。　○耕耘……たがやしくさぎること。　○穫……収穫。　○鋤耕に労し……土地をたがやしくさぎることに苦労する。　○土徳……土がもっている徳。　○遠地瘠薄……遠くて地味のやせている土地。　○資糧……旅行の費用と食糧。ここでは、開墾のための費用と食糧のこと。　○易地……たやすく開墾できる土地。　○難地……開墾するのが困難な土地。　○至難の地……開墾がこの上なく困難な土地。　○霜露……霜と露。　○五穀不生の地……五穀が生え育たない土地。　○廃蕪……廃れ荒れ果てた土地。　○山林暢茂《ちょうも》……山の林がよく伸びて繁ること。　○百穀豊足す……いろいろの穀物が豊かに足りる。　○富国安民の道……国家が富み、人民が安心して生活できる方法。　○損益……損耗と利益と。　○吝《おし》む……けちる。　○闢荒新墾……荒れ果てた土地を拓き、新たに開墾する。　○客土を以て瘠土を変じて沃野と為し……性質の違う土を混入して、地味がやせていて作物の生育の悪い地を変えて、地味の肥えた土地とすること。　○陂塘を築き溝渠を鑿《うが》ち以て水利を興す……堤防を築き、みぞ（給水・排水のために水を通じるようにしたもの）を掘って、水の利用ができるようにすること。　○一畔に擲《なげう》つ……一つの畦に惜しげもなくさし出すこと。　○銭貨……ぜに。　○至宝……この上もなく貴い宝。　○廃蕪瘠薄……廃れ荒れ果て、地味のやせている土地。　○終古開墾の期無ければなり……永遠に開墾される機会がないからである。　○

穀粟……穀物。　○父母の奉養……父母を養うこと。　○国益至宝……国家の利益であり、この上もなく貴い宝。　○本金……元金。

第十三　開墾（下）

天下の利開墾より大なるは莫《な》く、而して天下の患《かん》、荒蕪《こうぶ》より甚だしきは莫し。夫れ田畝一段を蕪《あ》らすときは則ち粟二石を失し、一町を蕪らすときは二十石を失ふ。十町を蕪らすときは二百石を失ふ。二百石は即ち一日二萬口の民食なり。之を墾《ひら》きて耕すときは則ち二百石の粟を生じ以て二萬の民命を活《いか》す。之を廃して蕪らすときは則ち就令《たとい》百歳を経るも亦二萬石の粟は土中に存せず、二百萬の民命焉《ここ》に繋がる。是れ豈に兵を用ひずして人を害《そこな》ふものに非ずや。蕪田《ぶでん》の大患たること是《か》くの若し。荒蕪は其れ墾かざる可けんや。曰く、古往今来、原野の廃する所以は、生民の足らざる故なり。天の民を生ずる固より限り有り。従令《たとい》開墾を欲するも耕民無きを如《い》かんせんと。曰く、食を盂《ぼん》に盛れば則ち蝿必ず集まり、二盂に盛れば則ち二盂に集まり、三盂に盛れば則ち三盂に集まる。然して一盂を徹すれば則ち一盂の蝿去り、二盂を徹すれば則ち二盂の蝿去る。豈に一二盂のみに止まらんや。数十百盂と雖も亦た然り。食は本なり。蝿は末なり。故に食を置けば則ち無数の蝿集まり、食を徹すれば則ち散じて一蝿も存せず。生民も亦た然り。食有れば則ち戸口増し、食無ければ則ち戸口減ず。今田埜《でんや》を開き以て食を足す。何ぞ耕民無きを憂へんや。曰く、生民の限り有ること之を器水に譬《たと》ふるに、器欹《そばだ》てば則ち左右増減を為す。然れども一器固より増減有ること無し。氓民《ぼうみん》を招き此を墾けば則ち彼を蕪らす。彼に増せば則ち此に減る。然らば則ち国に於て何の益か之有らんやと。此れ又た所謂る理を知る者に非るなり。夫れ国初生歯《せいし》未だ嘗て繁庶ならざるや。神聖邦《くに》を造りたまひ、千酸萬辛《せんさんまんしん》したまひて田埜漸《ようや》く闢《ひら》け、生歯漸く繁し。生歯何を以て繁きに之《ゆ》く。唯《た》だ食に在るのみ。食は生歯の本なり。故に食余り有れば則ち生歯随ひて増し、食足らざれば則ち生歯随ひて減る。上国生歯の繁きは食余り有る故なり。下国戸口の乏しきは食足らざる故なり。夫れ食は土地に生ず。治平の久しき、天下駸々乎として奢風《しゃふう》行はれ、民遊惰《ゆうだ》に流れて土徳を忘れ、本業を捨てて末作に奔《はし》る。是れ土地の荒蕪に帰する所以なり。今恩澤を布き遊惰を作《おこ》して土徳を知らしむ。民苟も土徳を知りて南畝に勤めば、則ち一戸の一段を増耕する、豈に易易たらざらんや。一戸ごとに一段を増すを以て之を計らば、則ち百戸にして十町、千戸にして百町、萬戸にして千町を得るなり。若し夫れ一戸ごとに二段を増さば則ち之に倍す。我が邑其の法に遵《したが》ひて、其の機を察し、開墾に従事し、期年闢く所五百町、一氓を納れず、一戸を増さずして農余力有り、且つ夫れ加越二州の如きは生歯極めて繁く、其の氓を招徠して新戸を立つる。未だ二州蕪れて丘墟と為るを聞かざるなり。則ち有余を以て不足に移す。国に於て何か有らん。之を器に盛るの水増倍すと為すも亦た可と謂はんか。嗚呼、国家を有《たも》つ者、分度を守り以て廃蕪を挙げ、資糧を給し以て田野を闢かしめば、則ち農業日に盛んにして菽粟《しゅくぞく》水火の如し。若し菽粟をして水火の如くならしめば、則ち富国安民豈に道《したが》ふに足らんや。国君宜しく荒蕪の大患を除き、開墾の大利を興し、以て天下の生民を全活す可きなり。

〈訳文〉

第十三　開墾（下）

天下の利益は開墾より大きなものはない。そして天下の病患は荒地より甚だしいものはない。田地一反を荒らすときは米二石を失い、一町を荒らすときは二十石を失い、十町を荒らすときは二百石を失う。二百石といえば二万人の一日の食糧である。これを墾いて耕作するときは二百石の米を生じて二万人の生命を活かす。これを荒地とするときは、たとえ百年を経ても二万石の米が土中に生じるわけではなく、二百万人の生命が不安に曝されるのである。これは武器を用いずに人を害するものでなくて何であろうか。田畑荒蕪が大患であることはこのとおりである。荒地は開墾しなければならない。

あるいは云うであろう。「古今を通じて原野の荒れる理由は、住民が足りないからである。天が民を生ずるのには限りがある。たとえ開墾を欲しても耕作する者がないのをどうするか、」と。しかしそれは何でもない。例えば食物を盂に盛れば蝿は必ず集まる。二盂に盛れば二盂に集まり、三盂に盛れば三盂に集まる。そして一盂を取り去れば一盂の蝿は去り、二盂を取り去れば二盂の蝿は去る。単に一・二の盂だけのことではなく、数十・数百の盂でも同様である。食物が本であり、蝿は末である。それ故に食物を置けば無数の蝿が集まり、食物を取り去れば飛び散って一匹もいなくなるのである。

住民もまた同様である。食物があれば戸口は増加し、食物が無ければ戸口は減少するのである。今田野を開いて食糧を増やせば、どうして耕作者が無いと憂えようや。

「しかし」、と云うであろう。「住民には限りがあるということは、これを器の水に譬えると、器を傾ければ、左右の縁に増減が生ずる。しかしながら、器全体では固より増減はない。移民を招いてこちらを墾けばあちらが荒れる。あちらを増せばこちらが減る。ということならば、国としては何の益があろうか、」と。この論もまた、所謂理を知る者ではない。そもそも国の初め、人民が多くないときに、神聖が千酸万辛して国を造られ、田野が次第に開け、人民も次第に増加したのである。人民がどうして多くなってきたかといえば、ただ食物によるのみである。食物は人民の本である。それ故に食物に余裕があれば人民は増加し、食物が不足すれば人民は減少する。上国に人民が多いのは食物に余裕がある故である。下国に戸口が少ないのは食物が足りないからである。その食物は土地から生ずるのである。平和が永らく続き、天下に激しい勢いで奢《おご》りの風が広がり、民は遊惰に流れて土徳を忘れ、本業を捨てて末作に走る。これが土地の荒廃する原因である。今、恩沢を布き、遊惰を奮い起こして土徳を知らしめるのである。いやしくも民が土徳を知って農事に励むならば、一戸ごとに一反歩を余分に耕すことぐらい簡単なことではないか。一戸ごとに一反を増すとして計算すれば、百戸で十町、千戸で百町、万戸で千町歩が得られる。もし一戸ごとに二反歩を増せば、その倍となる。私の邑ではその法に従って、機宜を察して開墾に従事し、第一期に開墾した土地が五百町歩である。一人の移民も納れず、戸も増さないで農耕に余力がある。且つまた加賀・越中の二州のごときは、人口増加が極めて多い。その移民を招いて新農家を立てても、二州が荒れて廃墟となったということを未だ聞いたことがない。すなわち余り有るところのものを足らないところに移すならば、国として何ら問題はない。これを器に盛る水でいうならば、その水が倍増したといってもよいわけである。

ああ、国家を保つ者が、分度を守り、開発料を出して荒地を開墾せしめるならば、農業は日々に盛んとなり、米麦は水火のように得やすくなる。もし米麦が水火のように得やすくなれば、富国安民という言葉などいうに足らなくなる。国君はよろしく荒蕪の大患を除き、開墾の大利を興し、もって天下の人民を完全に活かすべきである。

〈語義〉

○天下の利……天下の利益。　○民食……人民の食糧。　○民命……人民の生命。　○大患……大きな憂い。　○古往今来……昔から今まで。　○原野の廃する所以……土地が荒廃する理由。　○生民……国民。　○田埜……田や畠。　○器水……器の水。　○器欹《そばだ》てば……器の一端をあげて傾けること。　○増減……増えることと減ること。　○氓民《ぼうみん》……移住の民　○国初……天地開闢の初め。　○生歯……人民　○繁庶……多く、込み入っていること。　○千酸萬辛……さまざまな辛い難儀。　○治平の久しき……世の中が治まって平穏な状態が永く続くこと。　○天下駸々乎として奢風行はれ……天下、急速に贅沢な風潮が行われること。　○南畝……田畑。　○我が邑……桜町領　○其の法……一戸ごとに一段を増す方法。　○期年……決められた年限　○一岷を納れず……一人の移住者も入れないで。　○農余力……農耕に余力があるということ。　○加越二州……加賀藩、加賀前田家は、加賀・能登・越中の国主であり、能登は加賀の一部と見られたために加越二州という。　○招徠……呼び寄せる。　○新戸を立つる……新しい農家を立てる。　○丘墟……荒れ果てた遺蹟。　○菽粟《しゅくぞく》……豆と粟、すなわち穀物。

報徳外記　巻之下

斎藤高行　選述

第十四　治　水

天下の利、米粟より大なるは莫《な》し。米粟田に生ず。而して之を養ふは水なり。水善く田を養ひて而も淹潦決溢《えんろうけついつ》し、又た善く田を害す。利有れば則ち害之に従ふは自然の理なり。故に溝洫《こうきょく》を開きて以て灌漑を為し、隄防《ていぼう》を設けて以て水害を辟《さ》くる、天下の田皆然り。夫れ水は都《す》べて源を山間谿澤《けいたく》に発し、涓滴《けんてき》の水、漸々《ぜんぜん》会同し、遂に江河と為るなり。而して其の源を涵養《かんよう》するものは林樹に在るなり。故に山林暢茂《ちょうも》して深樹蓊鬱《おううつ》たらば、則ち水気蒸騰《じょうとう》して常に雲霧を催《もよお》し、且つ薈蔚《わいうつ》の山、神気旺盛、山澤気を通ひ、時に驟雨《しゅうう》を降して水旱の患有ること無きなり。若し夫れ林樹を斬伐するときは、則ち地気変じて乾燥し、驟雨少なくして水は涸る。且つ土砂崩下して河底以て漸く高くして、霖毎《りんごと》に満溢し、輙《たちま》ち田畝を害するの患有るなり。故に河源は論無く、河旁の山澤も厳に斧斤《ふきん》を禁ずるは固より邦家の常制なり。然るに治平の久しきや、法制陵夷《りょうい》して、唯だ漕運の便を利して肆《ほしいまま》に河旁の山澤を赭《あかつち》にす。是に於てか往々水旱の患を免れず、産粟は年に損せられて農民は日に窮まる。蓋《けだ》し稲草の渇《かつ》に傷つけらるるや、数日の渇、未だ葉色を変ずるに至らずと雖も、然も其の収穫に及ぶや、段田の粟は春楡《しょうゆう》の間、忽《たちま》ち米三斗若しくは五斗を耗《へ》らすに至る。如《も》し段五斗を耗らすを以て之を計《はか》れば、則ち郡邑の積、損耗《そんもう》するところ頗《すこぶ》る大なり。況《いわ》んや国に於てをや。国何を以て衰廃せざるを得んや。曰く、河流固《もと》より自然なり。其の自然に随はば、則ち高きを辟《さ》けて卑《ひく》きに就く、何ぞ人力を用ふるを為さん。假令《たとい》、洪漲《こうちょう》して田畝を害するも、左に失ふときは則ち右に得、右に失ふときは左に得、何の損益か之有らんと。曰く国家の事業は盡《ことごと》く人功に成る。河流のみ独り脩《おさ》めずして可ならんや。水は本と至柔、然れども相会すれば則ち其の勢悍猛《かんもう》にして砂礫《されき》を激流す。故に河に隄防《ていぼう》有れば則ち中流して常に汙下《おか》す。若し夫れ隄防無ければ則ち其の洪漲するに当たるや、砂礫迸流《ほうりゅう》し、水勢稍《や》や微なるに及ぶや、唯だ水逝きて砂礫を残す。是に於てか水道常に定まらず、横流散漫して至らざる所無し。斯《か》くの如くなれば則ち田野《でんや》萬頃《まんけい》、空しく不毛に帰す。且つ其の左右失得の説の若きは、則ち失ふ所は良田にして、而して得る所は磧礫《せきれき》、十数年を経るに非ざるよりは則ち復すること能はざるなり。叔世水害の為に田を失へるときは則ち止だ其の租を蠲《のぞ》くのみ。殊に五公の租を蠲くも亦た五民の食出づる所無きを知らざるなり。苟も隄防脩めずして水害の為に田を失へるときは、則ち五公の租を蠲きて五民の食を給すべきなり。何ぞや。独り田を失ひて而も民戸依然たればなり。曰く、堤を築くこと一尺ならんよりは河を浚《さら》ふこと一寸に如かず。如何《いかん》やと。曰く、その説固より是なり。然りと雖も、廃国為す可からず。

何となれば、則ち堤一尺を築くや易く、河一寸を浚ふや難し。それ堤一尺を築くには一郡の民を役《えき》す可く、河一寸を浚ふは一国の民を役するに非ざるよりんば能《あた》はざるなり。凡そ河防の決するや尺寸の低處に潰《くい》ゆ。故に洪張の時に当たり其の低處を認め、而して之を補はば、則ち民力を費やさずして以て水害を辟く可きなり。且つ夫れ深山幽谷に、年々杉桧を植ゑて以て種木と為すときは、則ち数年の後、其の子風の飛ばす所と為り、或いは雨の流す所と為りて、以て暢茂《ちょうも》するを期す可きなり。山林暢茂し河防脩築し、而る後天下の田以て水旱の患を免る可きなり。嗟《ああ》、夫れ田なるものは民命の係る所なり。民に田無ければ何を以てか生活せん。豈に民に止まるのみならんや。邦君と雖も亦た然り。蓋《けだ》し邦君の富勢為《た》るや、城郭を築き楼閣を造り、百官位を列ね、朝廷礼を盛んにし、及び後房内寝華麗を窮極し、且つ三軍を擁して四疆に威たる、皆是れ黎民《れいみん》耕田の徳に頼らざるは莫し。苟も水旱の患を免れずして、米粟登らざるときは、則ち従《たと》へ帯甲百萬有るとも遂に饑《う》ゑて死せんのみ。邦君何を以て其の富勢を保たんや。昔在《むかし》、大兎《だいう》滔天《とうてん》の水を治めて世を畢《おわ》るまで力を溝洫《こうじゅつ》に盡せるは何ぞや。田畝は国家の根本なればなり。国家を有つ者、烏《いづく》んぞ心力を治水に盡さざる可けんや。

〈訳文〉

第十四　治水

天下の利は米穀より大きいものはない。米穀は田に生じ、これを養うのは水である。水はよく田を養うが、また大いに溢れて決壊し、よく田を害するものである。利があれば害がこれに従うのは自然の理である。それ故に、用排水路を開いて潅漑をし、堤防を設けて水害を避けるのであり、天下の田は皆そうである。凡そ水は総て源を山間渓谷に発し、寸滴の水が次第に寄り集まって、遂に大河となるのである。そうして、その水源を養うのは山林の樹木である。それ故に山林が伸び茂り、成育の盛んな木々が多ければ、水蒸気が立ち昇って常に雲や霧を生じ、また盛んな山の気は、沢の気を通じて時に驟雨を降らして水害や旱害の恐れがないのである。ところが、もし林樹を伐採すれば、地気が変わって乾燥し、驟雨は少なくなって水は涸れてしまい、さらに土砂が崩れ落ちて河底は次第に高くなり、一雨ごとに水が溢れて田畝を害する恐れがでてくる。それ故に河の源は固より、河の近傍の山沢も斧を入れることを厳禁するのが昔からの国家の常制であった。ところが久しい太平の間に法制は次第に守られなくなり、ただ舟運の便を計って、河の近傍の山沢をほしいままに赤禿にした。このようになってから往々水害・旱害の患いを免れず、産粟は年々損じ、農民は日々に困窮することとなったのである。考えてみるに、稲草は水不足で非常な害を受けるのである。数日の水不足では、葉色は変わるところまでいかないとはいえ、収穫をして米搗きをすれば、一反歩につき三斗や五斗の米はすぐに減ってしまうのである。もし一反五斗を減耗するとして計算すれば、一村一郡の損耗は頗る大きくなるのであり、ましてや国に於ては、どうして衰廃せずにおられようか。

或る人がいう。「河流はもともと自然である。その自然に従って、高い所を避けて低い所に流れていくのであるから、何も人力を用いる必要はない。たとえ氾濫して田地を害するとしても、左で失うときは右で得られ、右で失うときは左で得られるのであり、何の損益もないではないか、」と。国家の事業は悉く人功によってできたものである。河流だけを修めなくてよいものであろうか。水は本来至って柔らかいものである。しかしながら相合すれば、その勢いは猛烈であって砂礫を激しく押し流す。それ故に河に堤防があれば水は常に中央部を窪み深めて流れるが、もし堤防がなければ、氾濫にあたって砂礫を押し流し、水勢がやや衰えると、ただ水だけが流れ去って砂礫を遺すのである。そこで水の流れは常に定まらず、あちこちに勝手に流れ歩いて至らないところがないということになる。このようであれば、何万町歩の田地も空しく不毛の地となってしまう。しかも、その左右得失の説のようなものは、失うのは良田であり、得るのは砂礫の河原であって、十数年を経るのでなければ回復せしめることのできない土地であって、全く意味がないのである。末世の今日は水害のために田を失えば、ただその田を免税にするだけである。五公の租税は免除しても、五民の食糧の出るところがないことを知らないのである。いやしくも堤防を修理しないで水害のために田を失ったならば、五公の租税を免除して五民の食糧を給すべきである。何となれば田を失っても、民戸は依然として存在しているからである。

堤を一尺築くよりも河を一寸浚《さら》うほうがよいというがどうかという人がある。その説は固より正しい。しかしながら、衰廃した国ではできないことである。なぜならば、堤を一尺築くことは容易であって、河を一寸浚うことは困難だからである。一尺の堤を築くには一郡の民を使役すればできるが、河を一寸浚うには一国の民を使役するのでなければできないからである。およそ堤防が決壊するのは、一寸一尺という僅かばかりの低いところから破られるのである。それ故に出水時にあたって、その低い所を見定めて補修すれば、民力を費やさずに水害を避けることができるのである。さらに深山幽谷に毎年杉や桧を植えて種木とするならば、数年の後にはその種子が風に飛ばされ、雨に流されて、次第に繁茂していくことを見ることができる。山林が繁茂し、堤防が修築されてのち、始めて天下の田は水害・旱害の恐れを免れることができるのである。

ああ、田というものは民の生命の係るところである。民は田が無ければどうして生活していくことができよう。それればかりではない。国君といっても同様である。富み且つ盛んな国君は、城郭を築き楼閣を造り、百官は居並び、正庁は威儀を整え、また奥御殿は華美を極め、さらに三軍を擁して四境を威圧しているが、これらは皆、農民の耕田の徳に因らないものはないのである。もし水害・旱害を免れずに、米穀が稔らないときは、譬え百万の兵力があっても遂に餓死するのみである。そうなれば国君はどうして富勢を保つことができるであろうか。昔、大禹が大洪水を修めて、畢世の力を用排水に尽くしたのは何故であったか。それは田地が国家の根本であるからである。国家を保つ者は、どうして心力を治水に尽くさないでよかろうか。

〈語義〉

○淹潦決溢《えんろうけついつ》……洪水によって水があふれ没すること。　○溝洫《こうきょく》……みぞ　○淮漑……田畑を耕作するのに必要な水を引いてそそぐこと。　○隄防……堤防に同じ。土手。　○山間谿澤《けいたく》……山の中の谷間○涓滴《けんてき》の水……したたり落ちるわずかな水。　○漸々《ぜんぜん》会同し……徐々に寄り集まること。　○江河……大きい川　○涵養……自然に染み込むように養成すること。　○林樹……林の樹木。　○山林暢《ちょ》茂《うも》……山林の草木が伸び繁ること。　○深樹蓊鬱《おううつ》……奥深く盛んに繁っている樹木。　○水蒸騰《じょうとう》して常に雲霧を催《もよお》し……水蒸気が立ち昇って常に雲や霧が生じていること。　○薈蔚《わいうつ》の山……草木の盛んに繁っている山。　○神気旺盛……万物を組成する元気が盛んなこと。　○山澤気を通ひ……山の気と沢の気が通じること。　○驟雨《しゅうう》……急に降り出す雨。夕立。　○水旱の患……洪水と日照りの悩み。　○林樹を斬伐する……林の樹木を伐採すること。　○地気変じて乾燥し……地中の蒸気が変化して乾燥すること。　○土砂崩下……土砂が崩れ落ちること。　○霖毎《りんごと》に満溢……長雨ごとに満ち溢れること。　○河源……川の源。水源地のこと。　○河旁の山澤……川に近い山や沢。　○斧斤を禁ず……おのやまさかりを入れることを禁ずること、すなわち樹木の伐採を禁止すること。　○邦家の常制……国家の常に定まった制度。　○法制陵夷……国家の制度が次第に衰えること。　○漕運の便……船を漕いで物を運ぶ便。　○肆《ほしいまま》に河旁の山澤を赭《あかつち》にす……思うままに川の側の山や沢を赤土にしてしまう。　○往々……時々。　○稲草の渇《かつ》に傷つけらる……稲が渇水によって傷められること。

○葉色を変ず……葉の色が変わること。　○春楡《しょうゆう》の間……春と楡。春は米をつくこと。楡は臼から取り出すこと。すなわち米をついている間にの意。　○損耗……へらすこと。　○河流……川の流れ。○洪張……みなぎり溢れること。　○国家の事業……国家が行う業。　○人功……人間の功績。　○至柔……至って柔らかいこと。　○悍猛《かんもう》……勢いがよく、猛々しいこと。　○砂礫《されき》を激流す……砂や小石を激しく流すこと。　○中流……気流の中程。適当な流れ。　○汙下《おか》す……土地の低い処へ流れること。　○砂礫迸流《ほうりゅう》……砂や小石と共にほとばしって激しく流れること。　○水道……川筋。　○横流散漫……ほしいままに流れ、散らばり広がるさま。　○田野萬頃《まんけい》……広い田畑。頃は田のひろさの名。百畝とも（玉篇）とも十二畝半（公羊伝）ともいう。　○不毛に帰す……土地がやせて穀物その他の作物が生じないようになる。　○左右失得の説……左に失えば、右に得るという或る人の説。○磧礫《せきれき》……河原の小石。　○叔世……末の世。末世。　○覦《のぞ》く……徴収しない。　○浚《さら》ふ……土砂をはらい除ける。　○河防の決する……川の堤防が決壊すること。　○尺寸の低処に潰《くい》ゆ……一尺・一寸の低い処で崩れる。　○深山幽谷……奥深い山や谷。　○種木……種子を生み出す木。　○子……種子。　○河防脩築……川の堤防を繕い築くこと。　○楼閣……たかどの。　○百官位を列ね、朝廷礼を盛んにし……役人は位によって並び、正庁は威儀を整え。　○後房内寝華麗を窮極し……奥御殿は華麗をきわめる。　○三軍を擁して四疆に威たる……多数の軍隊を率いて、四方の境を威圧する。○黎民《れいみん》耕田……田を耕す人民。　○帯甲……よろい（甲）を着た兵士。　○大兎……シナ古代の君主。

夏王朝の始祖。堯・舜の時に治水に功をおさめ、天下を九州に分かち、貢賦を定めた。舜の譲りを受けて位につく。大は尊敬していう。○滔天《とうてん》の水を治めて世を畢るまで力を溝洫《こうじゅつ》に盡せる……大層勢いのよい水が氾濫しないようにし、一生みぞを掘ることに力を尽くした。○心力……心の働き。

第十五　助　貸（上）

国家の患は負債より甚だしきは莫し。負債なるものは年々其の利を出さざるを得ず。苟も其の利を出さざれば、則ち利中に利を生じ、遂に国を滅ぼし家を亡ぼすに至るや必せり。今夫れ負債一萬金なるとき、什二《じゅうのに》の利を以て之を許らば、一周度の積、五億六千三百四十七萬金に至る。是れ国家を滅ぼすに非ずして何ぞ。縦《たと》ひ年々其の利を清するも、亦た二千金は之を歳入より出さざるを得ず。苟も之を歳入より出さば、則ち租額の減ずる蕪田と同じきなり。其れ之を済ふの術は独り我が助貸の法有るのみ。之を命《なづ》けて報徳金と曰ふ。其の財に息を起こさず、其の嘗《かつ》て出せし所の利息を留め、以て之を償はしむ。則ち僅々たる五年にして而も清債の功成るなり。是に於て二千金の租入は我の有つところと為る。実に墾荒《こんこう》と同じきなり。之を鋤鎌《すきかま》を用ひずして座上の荒蕪を開拓すと謂ふも亦た可なり。

抑々《そもそも》報徳金の徳たるや、猶《な》ほ日月の大地を照らすが如きなり。夫れ両間に生々するもの、誰か日月の徳を被《こうむ》らざんや。朝陽升《のぼ》れば、則ち草木花を発《ひら》き、虫飛び魚躍り、禽《とり》は囀《さえず》り獣は走りて、各々《おのおの》其の生を遂ぐ。況《いわ》んや人倫に於てをや。王侯より以て庶民に至るまで、各々其の道を守り其の業を勤め、家国天下以て治まる。蓋《けだ》し日月の大地を照らすや、萬古以来年々歳々、萬物を生々して、而も多きを加へず光を減らさず、終古一輪なるのみなり。且つ父母の子を育み、農夫の農を為す、倶に其の費を顧みず、故に之に法《のっと》りて以て息を起こさざるなり。夫れ日の行くや卯《う》に出て酉《とり》に入り、其の地を照らすや六時と為す。故に萬物発育す。若し夫れ朝に出でて朝に入らば、則ち一物も発育するもの有らんや。之に法りて以て年を逐《お》ひて徴納す。乃ち冬の短日に本づきて五年と為し、夏の長日に本づきて十年と為し、春秋二分の節に本づきて其の中を執り、以て七年となす。苟も此を以て之を行ふときは、則ち負債有る者は之を償ひ、以て其の利贏《りえい》を得ん。或いは典する所の田畝を復し、耕耨《こうどう》して以て秋穫の利を得ん。或いは荒蕪を墾き、米粟を得て以て家道を優にせん。或いは田畝無き者は田畝を得、山林無き者は山林を得、居室無き者は居室を得、衣食無き者は衣食を得、馬匹《ばひつ》無き者は馬匹を得、農器家財無き者は皆之を得、以て其の業を勤め、以て其の生を安んぜん。夫れ其の資金は、或いは百金、或いは千金、或いは萬金にして、助貸循環して一周度に至れば、則ち諸《もろ》びと其の苦しむ所より免《まぬか》れ、諸びと其の利とする所を得て、而も資金は増さず減らさず、日月の大地を照らすと一般なり。人若し之に効《なら》ひて、奢侈を省き節倹を守り、余財を譲りて以て其の法を行ふときは、則ち是れ衆を済《すく》ふの事にして善行焉《こ》れより大なるは莫《な》し。人若し其の助貸を受くるも、亦た業を勤めて以て之を償はば、則ち其の償ふ所の財は直ちに他に及ぶ。亦た是れ人を済ふの域に入れるなり。且つ夫れ叔世の弊たるや、君は聚斂《しゅうれん》を以て益と為し、民は欠租を以て益と為し、富者は放債にして利を得るを以て益と為し、貧者は負債して償はざるを以て益と為し、富者は益々富を求めて以て奢侈に溢《あふ》れ、遂に亡滅を免れず、貧者は益々貧に陥りて以て怠惰に流れ、遂に流氓《りゅうぼう》を免れず。是れ国家衰廃の本なり。其の衰へたるを挙げ其の廃れたるを興さんは、他無し、其の弊を矯《た》むるに在り。之を矯むる術も亦た助貸法に在るなり。斯の法苟も行はるれば、則ち君は分を守りて以て民を澤し、民は農を勤めて以て貢を納れ、富者は奢を省みて以て之を貧者に推し、貧者は惰を改めて以て其の徳に報ゆ。則ち貧富相ひ和して貸財其の中に生ず。天地相ひ和して萬物を生じ、男女相ひ和して子孫を生ずると同一般なり。是に於てか、富奢と貧惰の二弊、蕩然《とうぜん》として銷鑠《しょうしゃく》し、天下の貧民窮乏を免れて富優を得ば、即ち国家の興復することを、豈に他に求む可けんや。然りと雖も、利に奔《はし》り恵《めぐみ》を懐《おも》ふの小民、安《いづく》んぞ其の徳を視るを得ん。独り国君恤民《じゅつみん》の費を顧みず、黎庶《れいしょ》の安息を以て益と為し、父母は育児の費を顧みず、児子の長育を以て益と為し、農夫は培養の費を顧みず、五穀の豊熟を以て益と為す者にして、而る後始めて其の徳を視る可きなり。故に我が道の天下に於けるや、王公の任と為し、邦国に於けるや君大夫の任と為し、郡邑に於けるや郡長里正、一家に於けるや主人、之を要するに其の主為る者自《よ》りして行ふ可きなるのみ。

〈訳文〉

第十五　助貸（上）

国家の病弊は、負債より甚だしいものはない。負債というものは年々その利息を払わなければならない。もしもその利息を払わなければ、利息に利息が生じて遂に国を滅ぼし家を亡ぼすに至ること必然である。今負債一万両であるとき、一周度六十年の積は五億六千三百四十七万両に達する。これが国家を滅ぼすものでなくて何であろう。たとえ毎年その利息を払うとしても、二千両はこれを歳入の中から出さなければならない。いやしくもこれを歳入から出すならば、税収の減ずることは荒地ができたのと同様である。これを済う術としては、独り我が助貸（無利息金貸付）の法があるだけである。これを名付けて報徳金という。この金は利息をつけない。これまで出してきた利息を停止して、これによって元金を償却せしめるならば、わずかに五年で償還することができる。ここにおいて二千両の税収は我がものとなるのは、実に荒地開墾と同じであって、これを農具を用いないで座上の荒蕪を開拓したといってもよいものである。

そもそも報徳金の徳というのは、日月が大地を照らすようなものである。天地の間に生きるもので、日月の徳を被らないものはありえない。朝、太陽が昇れば、草木は花を開き、虫は飛び魚は躍り、鳥は囀り獣は走って各々その生を遂げるのである。ましてや人間においては、上は王侯より下は庶人に至るまで、各々その道を守り、その業に勤め、一家一国も天下も治まるのである。考えてみるに日月が大地を照らしているのをみれば、万古以来、年々歳々万物を生々して、しかも大きくもならず、光も減ずることなく、終古一輪である。また、父母が子を育てるのも農民が農に従事するのも、その費用を顧みることがない。それ故にこれに法って利息をつけないのである。また太陽は卯の刻（午前六時）に出て酉の刻（午後六時）に入り、その地を照らす間は六刻（十二時間）である。それ故に万物は発育するのである。もし朝に出て朝に没するならば、一物として発育するものはありえない。これに法って年賦償還させる。すなわち冬の短日に基づいて五年賦とし、夏の長日に基づいて十年賦とし、春秋二分の節に基づいてその中間をとって七年賦とするのである。

このようにして、助貸法を行うときは、負債のある者はこれを完済してその利息を払わずにすみ、あるいは質入れの田畑を回復し、これを耕作して秋の稔りの利益を得、あるいは荒地を開墾し、米穀を得て家政を豊かにし、あるいは田畑の無い者は田畝を得、山林の無い者は山林を得、住宅の無い者は住宅を得、衣食の無い者は衣食を得、馬匹の無い者は馬匹を得、農具家財の無い者も皆これを得て、その業を勧め、その生活を安定する。そうしてその資金は、あるいは百両でもあるいは千両でも、あるいは万両でも、助貸循環して一周度六十年に至れば、諸々の人がその苦しみから免れ、諸々の人がその利益を得て、しかも資金は増えることも減ることもないのであり、日月が大地を照らすのと同様である。世人がもしこれに倣って、奢侈を省き節倹を守り、余財を譲ってこの法を行うならば、これは衆を済うということであって、善行としてこれより大きなことはない。また助貸を受ける人も、業を勧めてこれを償うならば、その償った金は直ちに他の人に及ぶのであるから、これもまた人を済う域に達することになる。

また、末世の弊というものは、君は重税搾取をもって利益と考え、民は脱税をもって利益と考え、富者は金を貸して利息を取ることによって利益と考え、貧者は金を借りて返さないことをもって利益と考え、富者は益々富を求めて奢侈に溢れ、遂に滅亡を免れず、貧者は益々貧に陥って怠惰に流れ、遂に流民となることを免れない。これが国家衰廃の本である。その衰廃を復興するには、その弊を矯正する以外にはない。これを矯正する方法もこの助貸法にある。この法がかりそめにも行われるならば、君は分を守って恩沢を民に施し、民は農事に勤めて租税を納め、富者は奢侈を反省して、これを貧者に推し、貧者は怠惰を改めてその徳に報いる。すなわち貧富相い和して財貨がその中に生ずるのである。天地が相い合して万物を生じ、男女が相い和して子孫が生まれるのと同様である。ここにおいて富者の奢侈、貧者の怠惰という二弊が完全に溶けて消え、天下の貧民が窮乏を免れて富優を得たならば、国家の復興はどうして他に求めることがあろうか。とはいっても利益に走り、恩恵を望む小民は、自らこの方法の徳を悟ることは困難である。この徳を悟ることができるのは、国君として恵民の費用を顧みず、庶民の安息をもって国益となす者か、父母として育児の費用を顧みず、児子の成長することを楽しみにする者か、農夫として培養の費用を顧みず、五穀の豊熟することを楽しみとする者で始めて可能となるものである。それ故に我が道は、天下においては天皇・将軍の任とし、一国においては藩主・家老の任とし、郡邑においては郡代・名主、一家においては主人というように、要するにその主たる者の立場から先ず行うべき道なのである。

〈語義〉

○什二《じゅうのに》の利……年二割の利息。　○一周度……六十年。　○助貸の法……無利息の貸付。　○報徳金……富田高慶の『報徳論』に、「蓋し貴賎となく貧困すれば財を他に借らさるを得ず。故に貸借融通の道繁く行はれ、其不足を補ふを以て大小経営の資となす、貸す者は其息を取て奢侈の費用となし、借るものは利息倍増の責を償ふ能はすして或は倒れ、或は逃る、終に貸す者は利の為に慈愛の道を失ひ不仁に陥り、借る者は利の為に立べからさるに至り、貸借交々利を争ひ、互に其非を誹り怨恨を来し、仇讐の思を為すもの多し、借るもの傾覆すれは貸すもののみ何そ独り全きを得ん、（中略）世上の貴ふ所金銀に過るはなく、世人の貧困を治するものも亦金銀より速かなるはなし、然れとも利息倍増の為に却て諸人の困乏を増し、遂に怨恨争論傾覆の禍を生するに至る、是を以て無利息金を出し諸民に貸し与へ、年を期するに或は五年、或は七年、若しくは十年を以て償はしめ、其返金を以て又他に貸与へ、年々歳々斯の如くにして止まされは、利息なきか故に借者大に幸を得て、必累年の貧苦を免る、」とある。　○清債の功……借金を清算することができるということ。　○墾荒……荒地を耕しひらく。　○萬古以来……天地開闢の古以来。　○年々歳々……毎年。　○徴納……召し出すこと。ここでは負債を返還することをいう。　○利贏《りえい》……余得。利益。　○典する所の田畝……質においた田畝。　○耕耨《こうどう》秋穫の利……たがやしくさぎり、秋には収穫の利益を得る。耨はくわ、又はくわでくさぎること。　○余財……余裕の金銭。　○聚斂《しゅうれん》……過重の租税を取り立てること。重税。　○

欠租……租税の滞納。脱税。　○放債……金を貸して利息を取ること。　○流氓《りゅうぼう》……一定の居所なく流浪する民。　○弊を矯むる……悪い習わしを改めなおす。　○富奢貧惰の二弊……富裕の者が奢侈に流れ、貧困の者が怠惰に流れるという二つの弊害。　○蕩然《とうぜん》として銷鑠《しょうしゃく》し……跡形のないように溶けてなくなること。　○恤民《じゅつみん》の費……民を憐れみ恵むための費用。　○黎庶《れいしょ》の安息……諸々の民が安らかに休むこと。　○培養の費……草木を培い養う費用。　○五穀の豊熟……穀物が豊かに熟すこと。

第十六　助　貸（下）

国家の憂ひは、荒蕪と負債とに在り。夫れ其の憂ひを除かんと欲すれば、貧民を賑《ふる》はすに在り。貧民を賑はさんと欲する者、財を施すに非ざるよりんば能《あた》はざるなり。然《しか》り而《しこう》して猥《みだ》りに之を施すときは、則ち財盡きて而も広済の功廃せらる。是れ我が助貸法の創設せらるる所以なり。夫れ助貸の徳為るや、欲有るに非ず、欲無きに非ず、損有ること無く、益有ること無きは何ぞや。十金を貸して十金を取り、百金を貸して百金を取ればなり。僅々たる一百資金も、助貸の循環すること一周度に及ぶときは、則ち其の貸額一萬二千八百五拾五金に至り而も荒蕪墾かれ、負債償はれ、貧民は富み、衰邑は復し、廃国は興る。嗟呼《ああ》、其の資金は増さず減ぜずして、而も広済の功成る。恵みて費《つい》へず、欲《ほっ》して貪《むさぼ》らざるものと謂ひつ可きなり。然りと雖も、其の法を行はんと欲する者は、貧に居らず富に居らず、以て借者の心察せざる可からざるなり。貧民の若《ごと》きは、則ち借りる時の心と償ふ時の心と齟齬《そご》す。何となれば則ち家を富まし財を優にするの道は、人事を盡して以て天命を得るに在るを知らず、徒《いたずら》に借りる所の財を費やして其の求むる所を得ること能はず。人事を盡さずして而も人を尤《とが》め、天命に背きて以て天を怨み、遂に仇を以て恩に報ゆるに至る。是れ誠に歎《たん》ず可きなり。世人、播種の時に当たり、種子を借りる者、秋実を得るに及ぶときは、則ち損益を計らずして之を償ひ、厚く其の徳に報ゐ、益々親《しん》睦《ぼく》を為《な》すや必せり。苟も助貸を行ふ者、宜しく明らかに此の理を弁じ、予《あらかじ》め借者の心を察して以て其の生計を利する所以《ゆえん》を図るべし。此に貧民有り。数々《しばしば》不慮の災ひに罹《かか》り、負債して以て之を補ひ、而して之を償はんと欲すと雖も、唯だ其の利を出すのみにして本金を還すに至らず、以て遺憾と為す。是に於てか、我が助貸の資を借り、以て旧負を償はんことを請ふ。乃ち其の負債の母子、或いは田畝山林の入、及び一歳の経費を細査して、以て天命の分度を探り、其の利息及び贈遺の礼物に係るの費、五年或いは七年、若しくは十年の出を通計し、以て助貸の額と為す。若し夫れ以て旧負を清くするに足らざるときは、則ち山林及び不急の衣服什器を散鬻《さんしゅく》すべし。猶ほ且つ足らざれば、則ち債主の旧情を慕ひ、約するに数年の後之を償ふを以てし、而して奢怠を改め、倹勤を守り、歳課畢りて後、更に助貸を請ふて以て其の旧負を清くす可きなり。夫れ人の屎尿《しにょう》を論ずる無く、或いは馬矢魚膏《ばしぎょこう》、或いは酒糟醤粕《しゅはくしょうはく》、若しくは腐草朽葉《ふそうくよう》、諸々の不清浄の物を以て田畝を培養し、以て穀粟菜果清浄の物を生ぜしむ。蓋し地に於ては則ち荒蕪、人に於ては則ち負債、皆家道を腐敗せしむる所以なり。今は荒蕪を墾きて以て穀粟を生じ、負債を清くして以て利息を留め、其の憂ふる所を除きて其の安んずる所を与ふ。是れ亦た不清浄の物を用ひて、以て清浄の物を生ずると同一般なり。吁《ああ》、荒蕪の憂ひを取りて以て田畝に易へ、負債の憂ひを取りて以て清債に易へ、貧窮の憂ひを取りて以て富優に易ふ。吁、助貸の徳為る、亦た大ならずや。

〈訳文〉

第十六　助貸（下）

国家の憂いは荒地と負債とにある。そしてその憂いを除こうとするならば、貧民を賑わすことである。貧民を賑わそうと考える者は、財を施すのでなければできるものではない。しかしながら、妄りにこれを施すならば財は尽きて広く救済することはできなくなる。これが我が助貸法の創設された理由である。その助貸の法というのは、欲望があるのではなく、また欲望がないのでもない。損することがなく、得することがないというのは何故か。それは十両を貸して十両を取り、百両を貸して百両を取るからである。僅かな百両の資金を繰り返し貸し付けて一周度六十年に及ぶときは、その貸付総額は一万二千八百五十五両に達し、しかも荒蕪は開墾され、負債は償われ、貧民は富み、衰村は立ち直り、廃国は復興する。ああ、その資金は増さず減ぜずして、広く衆を救うという功は成就するのである。いわゆる「恵みて費へず、欲して貪らざるもの」というべきである。

しかしながら、その法を行おうとする者は、貧の立場におらず、富の立場におらずに、借りる者の心を察しなければならない。貧民という者は、借りる時の心と返す時の心とが食い違うものである。なぜならば、家を富まし財を豊かにする道は、人事を尽くして天命を得るということにあることを知らず、いたずらに借りた金を費やして所期の目的を果たせず、人事を尽くさずに人を咎め、天命に背きながら天を怨み、遂に仇をもって恩に報いるようになるものであり、実に嘆かわしいものである。一方、世人は種蒔きの時に種籾《たねもみ》を借りれば、秋の収穫を得れば、損得を計算せずにこれを返し、厚くその徳に報い、益々親睦を厚くすることも必定である。そこで助貸を行う者は、明らかにこの理を弁《わきま》え、予め借者の心を察して、その生計に利益となるように取り計らうべきである。

ここに貧民がある。しばしば不慮の災いに遇い、負債によってこれを補ってきたが、これを償還しようとしても、利息を出すだけで精一杯で、元金を還すに至らないことを遺憾としている。そこで我が助貸の資金を借りて、旧債を償いたいと願い出た。この場合、その負債の元利から、田畑山林の収入、及び一年の経費を詳細に調査して、天命の分度を探り、その利息や贈り物、礼物に関する出費の五年分あるいは七年分または十年分を通計して、これを助貸の額とする。もしそれで旧債を清算するのに不足するときは、山林及び不急の衣類家具類を売り払うべきである。それでもなおかつ不足するのであれば、貸主の旧情にすがって数年後の返済を約束し、奢怠を改めて勤倹を守り、無利息金の返済の後に更に助貸を請うてその旧債を清算すべきである。

さて人の糞尿はいうまでもなく、馬糞・魚膏、あるいは酒粕・醤油粕、もしくは枯草・落葉など諸々の不清浄のものをもって田畑を培養し、米麦・野菜・果実という清浄のものを生ずるのが人道である。考えるに土地では荒地、人においては負債、これらは皆家道を腐敗させるものである。いま荒地を開墾して米麦を生じ、負債を清算してその利息分を残し、その憂えるところを除いて安んずるところを与える。これまた不清浄のものを用いて清浄のものを生ずるのと同様のことである。ああ、荒地の憂いを引き受けて田畑に替え、貧窮の憂いを引き受けて富優に替える。ああ、助貸の徳というのは何と偉大なものではないか。

〈語義〉

○広済の功……広くすくうという功績。○創設……始め設けること。○恵みて費へず、欲して貪らざるもの……『論語』堯曰篇に見える言葉。○借者……借りる者。○齟齬《そご》……食い違い。○仇を以て恩に報ゆ……本来感謝しなければならないに関わらず、恨み憎むこと。○世人……世の中の人。○播種の時……種を播く時。○親睦……親しみむつむこと。○数々《しばしば》……たびたび。○不慮の災ひ……思いがけない災難。○遺憾……残念なこと。○旧負……もとの負債。○母子……元利。○贈遺礼物に係はるの費……手土産・贈り物に要した費用。○不急の衣服什器……差し当たって必要でない衣服や家具や道具。○散鬻《さんしゅく》……売り払うこと。○債主の旧情を慕ひ……貸主の昔のなさけに縋ること。○歳課……年賦償還。○人の屎尿《しにょう》を論する無く……人の糞尿をあげつらうことなく。○馬矢魚膏《ばしぎょこう》……馬糞や魚かす。○酒糟醤粕《しゅはくしょうはく》……酒粕や醤油粕。○腐草朽葉……枯れ草や落葉。○不清浄の物……汚くて汚れているもの。○穀粟菜果清浄の物を生ぜしむ……穀物・粟・野菜・果物といった清らかで穢れのないものを生み出す。○腐敗……くさること。

第十七　備荒（上）

三十年にして小凶臻《いた》り、五十年にして大凶臻る。是れ天変自然の数なり。国家を保《たも》つ者、上下各々王制四分の法に循《したが》ひて、平時は必ず儲蓄《ちょちく》を広め、以て其の変に応ず。是れ守中持盈《しゅちゅうじえい》の道なり。蓋《けだ》し豊年に飽《あ》く者は必ず凶歳に餒《う》ゆ。豊凶を均しくすれば則ち何の豊凶か之有らん。夫れ、百畝の田、十歳の収を校《くら》べ、其の中を執りて以て分度を制し、耕三余一の法を守らば、則ち大祲《たいしん》は論無く、不慮の災患輻輳《ふくそう》するも亦た何ぞ憂ふるに足らんや。假令《たとい》、毎歳其の十一を蓄ふるも亦た四十年にして一年の食を得、以て飢渇《きかつ》を免るべきなり。然りと雖も、惷愚《しゅんぐ》の民焉《いづく》んぞ其の法を知りて、而して予《あらかじ》め之を備ふるを得ん。年豊かなるときは、則ち米粟を糞土視して放飯流歠《ほうはんりゅうせつ》、年凶なるときは、則ち合勺《ごうしゃく》を珠玉視して哀号悲歎《あいごうひたん》す。天下滔々《とうとう》として皆是なり。故に国君、政教を施して以て予め之を防ぐに非ざるよりんば、安《いず》くんぞ国民をして飽餒《ほうだい》の患莫《な》からしむることを得んや。故に我が興復の法、一邑全く復するに及べば、一口一日粟五合を以て率と為し、戸口を通計し見在《げんざい》の実数を給し、以て儲蓄と為すなり。而して其の之を蓄ふるや、廩《くら》は則ち土を以てし、之を叢林の中に建て、樹枝の屋を蔭《おお》ふを善しと為す。粟は則ち美稲《びとう》を刈りて笐曬《こうし》存芒《そんぼう》、包みて以て之を蓄ふ。是れ紅腐陳蟲《こうふちんちゅう》を防ぐ所以なり。且《か》つ禁令を立てて曰く、大祲《たいしん》に非ざるよりは、必ず発《ひら》くこと勿《なか》れ、糶《ちょう》糴《てき》利を計らんも、亦た必ず許すことなかれと。豊穣なること積年に及ぶときは、則ち必ず饑饉の患を忘れ、其の空《むな》しく蔵せられて腐《ふ》蠹《と》せしめんよりは、寧《むし》ろ貴糶《きちょう》して、賎糴《せんてき》し、或いは陳を貸して新を執らんとす。只だ目前の利を計るは是れ人の常情なり。苟《いやしく》も一たび之を動かさば、則ち凶歳に至り倉廩《そうりん》必ず空しふして之が用を為さざるなり。故に当初美栗を撰《えら》みて以て之を蓄へ、禁令を厳にして以て大祲を待たば、即ち四五十年を経ると雖も、亦た動かすこと無くして可なり。能く是くの如くなれば、則ち或いは腐蠹の損耗を免れずと雖も、大祲に至り果たして其の用を為すなり。曰く、諸れを平時に峙《じ》して以て饑饉に応ず、政教宜しく然るべし。今衰廃の国、偶々《たまたま》饑饉に遇ふときは何を以てか之に応ぜんやと。曰く、邦君は民を牧司する者なり。平時政教具《そな》はらずして而も凶饑《きょうき》に民を死に致らしむ、牧司の職、何《いず》くにか在る。其れ何を以て天に謝せん。況んや執政大夫《しっせいたいぶ》及び郡官、君を佐《たす》け民を牧す者にして、而も斯の民をして飢えて死せしむ、牧民の任、何《いず》くにか在る。亦た何を以て民に謝せん。邦君大夫郡官、各々其の罪を知り、自ら其の身を責めて盡く余財を出し、以て救《きゅう》荒《こう》の資と為し、困民と其の衣食を同じふせば、則ち民も亦た吾が過を知りて他に求めざるなり。苟も他に求めざれば、則ち貧富相ひ助け、有無相ひ通じ、其の余は草木を食ふも亦た以て飢渇を免る可きなり。伝に曰く、患難に素《そ》し、患難に行ふと。邦君、苟も饑饉に素し、饑饉に行ひ、或いは飲酒を禁じ糜粥《びしょく》を用ふるに至らば、則ち救荒の政、令せずして行はるるなり。庶民之に効《なら》はば、則ち一人一口糧を余すこと、豈に易々たらざらんや。苟も一人一口糧を余さば、則ち百人を以て百人を養ひ、千人を以て千人を養ひ、萬人を以て萬人を養ふ。此を之れ財無くして而も民を養ふと謂ふ。亦た何ぞ飢渇の患有らんや。

〈訳文〉

第十七　備荒（上）

三十年に一度小さい凶作が来、五十年に一度大凶作が来る。これが天変自然の度数である。国家を保つ者は、上下各々王制四分の法に従って、平時に必ず儲蓄を広めておき、その天変の時に対応する。これが中庸をまもり、繁栄を持続する道である。考えるに豊年に飽食する者は必ず凶歳に飢える。豊凶を平均すれば、どうして豊年凶歳と喜憂することがあろうか。ここに一町歩の田があるとき、その十年の収穫量を調べ、その中をとり、これによって分度を建て、三年耕作して一年分の食を余すという法を守れば、大凶作は勿論のこと、不慮の災害が並び来ても、どうして憂うることがあろうか。仮に毎歳、その十分の一を蓄えたとしても、四十年で一年分の食糧を得て飢渇を免れることができるのである。とはいっても愚かな民は、その法を知っていても、予め備えるということができないのである。彼等は豊作の年には米粟を糞土のように軽くみて浪費してしまい、凶作の年には一合一勺の米でも珠玉のように尊んで哀号悲歎するのである。天下滔々として皆この姿である。それ故、邦君が政教を施して予めこれを防ぐのでない限り、どうして国民の飽いては飢える憂いをなくすことができようか。

そこで我が復興の法は、一村が総て復興すれば、一人一日籾五合の割合で戸口を通計し、現在の実数を支給して儲蓄をさせるのである。そしてこれを蓄えるには倉は土蔵づくりとして林の中に建て、木の枝が屋根を覆うようにするのである。そして籾は、出来柄の良い稲を刈って竹竿に架けてよく乾かし、芒の就いたまま俵に詰めて蓄えるのである。これは赤変と虫食いを防ぐためである。そうして「大凶作でない限りは、絶対に開いてはならぬ。また米の売買によって利益を得ることも決して許してはいけない。」と禁令を立てておくのである。これは豊年が続けば必ず饑饉の憂いを忘れ、空しく貯蔵して虫に食われるよりは、高く売って安く買い、あるいは古米を貸して新米を取るというように、ただ目前の利益を考えるようになるのが人の常である。しかし、一旦これを動かせば凶作になった時には倉庫は必ず空になっており、その用を為さないことになるものである。それ故に最初出来柄の良い稲を選んで蓄え、禁令を厳重にして大凶作を待つのである。四五十年を経ても動かさないのが良い。よくこのようになれば、腐ったり虫食いによる多少の損耗は免れないとしても、大凶作の時になって果たしてその用を為すのである。

ある人がいう。「これを平時に貯蔵して饑饉に応ずというのは、政教としては実にその通りであろう。しかし、今衰廃した国がたまたま饑饉にあったならば、どうしてこれに対処すればよいのであるか。」と。国君は民を牧司する者である。平時に政教が行き届かず、凶作になって民を死に至らしめるということであれば、牧司の職はどこに有るのであるか。何といって天に謝するのか。ましてや執政の家老及び郡代は、君を補佐して民を導く者てありながら、その民を飢死させるということであれば、牧民としての任はどこに有るのであるか。またどのようにいって民に謝するのであるか。国君・家老・郡代が、各自の罪を知って、自らの責任を果たすべく、悉く余財をだして救荒の費用とし、困窮民とその衣服を同じくしたならば、民もまた己の過ちを知って罪を他に求めることはなくなる。いやしくも他に求めなければ、貧富相い助け、有無相い通じ、足りない部分は草木を食っても飢渇を免れることができるのである。古語に「患難に素し、患難に行ふ」とあるが、国君が饑饉に会って饑饉の道を行い、飲酒を禁じ、粥を食事とするようになれば、救荒の政は命令をしないで行われるものである。庶民がこれに倣えば、一人が一人分の食糧を余すことは容易なことではないか。仮にも一人が一人分の食糧を余せば、百人で百人を養い、千人で千人を養い、万人で万人を養うことができる。これが財なくして民を養うということであって、どうして飢渇の憂いなどあろうか。

〈語義〉

○三十年にして小凶臻《いた》り、五十年にして大凶臻る……三十年に一度小さい凶作が来、五十年に一度大凶作が来る。　○天変自然の数……天空に起こる変動の自然の度数。　○国家を保《たも》つ者……国・家を維持していこうとする者。　○王制四分の法……古代聖人の定めた制度のことであり、一年の収入を四分し、その三をして一年の費用とし、残りの四分の一を貯蓄に充てて、非常の時の費用にすること。　○平時……平和な時。　○儲蓄……貯蓄。　○守中持盈《じえい》の道……中庸をまもり、十分の地位を保って失わないこと。　○豊年に飽《あ》く者……豊作の歳に飽食する者。　○凶歳に餒《う》ゆ……凶作の歳に飢える。　○豊凶……豊作と凶作。　○百畝の田……一町歩の田。メートル法の約一ヘクタール。○校べ……調査すること。　○耕三余一の法……三年耕して一年の食を残すという法。　○大祲《たいしん》……大いなるわざわい。祲は災いを引き起こす妖気。ここでは大凶作の意味。　○不虞の災患……思わざるわざわい。　○輻輳《ふくそう》……方々から集まること。　○飢渇……腹が減り、喉が乾くこと。飢えと渇き。　○蠢愚《しゅんぐ》の民……無知で愚かな民。　○米粟を糞土視し……米や粟を汚い土のようにみること。○放飯流歠《ほうはんりゅうせつ》……大口で食らい、水の流れるように飲むこと。すなわち浪費すること。　○合勺を珠玉視し……一合一勺の米を真珠や玉のように貴ぶこと。　○哀號悲歎す……泣き叫んで、嘆き悲しむこと。　○天下滔々《とうとう》として……世の中全て水が盛んに流れるように。　○政教……政治と教育。　○飽《ほう》餒《だい》の患……食事が十分に取れるか、飢えるかという悩み。　○見在……現在　○一口……一人　○廩《くら》……米蔵。　○叢林……木の群がっている林。　○樹枝の屋を蔭《おお》ふ……樹木の枝が屋根を覆う。　○粟……籾。　○美稲……実が十分に入った稲。　○笐曬存芒《こうしそんぼう》……竹竿に懸けて曝し、のぎ（稲の毛先）を付けたままで。　○紅腐陳蟲《こうふちんちゅう》……赤くなって腐り、虫がついて米と米が連なること。　○禁令……或る行為を禁止する法令。　○発《ひら》く……蔵を開く。　○糶糴《ちょうてき》……米の売買。　○豊穰……穀物が豊かに稔ること。　○饑饉の患……農作物が稔らないで、食物が欠乏するという悩み。　○腐蠧《ふと》……物の腐ることと、虫のつくこと。　○貴糶《きちょう》……高い値で米を売ること。　○賤糴《せんてき》……安い値で米を買うこと。　○陳を貸して新を執らん……古い米を貸して、新しい米を収める。　○人の常情……人の常の気持ち。　○凶歳……凶作の歳　○倉廩《そうりん》……穀物を収める蔵。　○美粟……美しい籾。　○損耗……へること。　○峙《じ》して……蓄える。　○邦君……藩主。　○牧司する者……取り締まる者。　すなわち政治をする者。　○執政大夫……政務を掌る役所の長官。　○郡官……郡の役人。　○牧民の任……民を取り締まる任務。　○救荒の資……飢饉に際して救助するための費用。　○困民……困窮した民。　○伝に曰く、患難に素し、患難に行ふと……『中庸』に見える語。逆境に処しては逆境に則って道を行う、という意味。　○糜粥《びしょく》……かゆ。糜は濃いかゆ、粥は薄いかゆ。

第十八　備　荒（下）

衰廃の国、備荒全くからずして一度饑歳に遇ひて、老羸《ろうるい》は溝壑《こうがく》に転び、壮者は四方に散り、餓莩《がひょう》は塗《ぬかるみ》に満つ。是れ固より邦君の失政に因ると雖も、誰か之を哀しまざらんや。若し其れ有道《ゆうどう》の邦君、余粟を譲りて以て与国に及ぼさんとす、則ち其の之を救ふに道有り。先づ其の封邑をして飢に迫るの邑を投票せしめ、以てその邑を挙げて、分かちて三等と為し、上を無難と為し、中を中難となし、下を極難と為す。明らかに之に諭して曰く、汝無難の民は、此の荒歉《こうけん》に啻《ただ》に飢渇を免れたるのみならず、穀價《こくか》翔貴《しょうき》の為利を得るは、平素勤倹の報ずる所なり。其れ極難の民、飢渇に迫り餓莩を免れざるは、生平遊惰の応ずる所なり。勤倹以て福を得、遊惰以て禍を得、此れ理の必然なり。然らば則ち貧困飢に迫る者、自得の天譴《てんけん》にして以て恤《あわ》れむに足らざるなり。然りと雖も、世々邑を同じうし、同水を飲み、同風に沐し、疾病相ひ扶け、死葬相ひ弔し、苦楽相ひ倶にすること一朝一夕に非ざるなり。且つ乞児《こじき》の若《ごと》きは固《もと》より無頼の凶人にして産を失ひ漂蕩《ひょうとう》す、豈《あ》に悪《にく》む可き者に非ずや。猶ほ且つ一孔銭を施し、一掬米《いちきくまい》を与ふるは、人の常情なり。豈に同邑の民をして、立ちて其の死を見るの理有らんや。汝、其れ之を済ふを欲せざるか。同邑同体にして尚ほ其の死を済《すく》ふの心無ければ、則ち我に於て何ぞ之を済《すく》ふの理有らんや。汝、即ち之を済ふを欲せば、則ち我が無息の粟を賑貸《しんたい》す可し。然りと雖も、朝に夕を謀られざるの困民は、何を以て其の債を償はん。故に無難の民、日に五銭を積み、中難の民、日に三銭を積み、極難の民、日に一銭を積み、五年を以て償還す可し。其れ五銭三銭の微、之を乞児に施す可し。来歳若し稔らば、則ち汝が邑施さざるも亦た乞児飢ゆべからず。是れ未来の豊登を以て見在《げんざい》の飢渇を済ふの術なりと。諭し畢りて其の邑に臨み、毎戸に其の貯穀を検し、一口一日五合を以て率と為し、其の足らざるは之を足し、或いは孝弟なる者をして富家に僕とし、壮強なる者をして荒蕪を墾きて以て口食に就かしむ。或いは老小羸弱《るいじゃく》なる者をして之を草廠《そうしょう》に養ひ、明年麦秋に及びて米銭を与へ、以て家に帰らしむ。則ち是《か》くの如くして賑貸救荒の術を施さば、則ち一邦の天民全活を得。果たして能く五年を以て償還するを得るときは、則ち廩《くら》は一粟を損せず、国一民を失はざるなり。嗚呼、是れ已むを得ざるの術に出づ、又た何ぞ平時の予備あるに若《し》かんや。

〈訳文〉

第十八　備荒（下）

衰廃した邦では、備荒が十分でなく、一度飢饉にあえば、老弱の者は溝に転がって死に、壮年の者は四方に離散し、餓死者の死体は道路に満ちる。これはもとより国君の失政によるものとはいえ、誰がこのような状況を哀しまないではおられようか。もしも有道の国君があって、余米を譲って誼のある国に及ぼそうとするならば、これを救うに方法がある。先ずその領村の中から飢の迫っている村を投票によって選ばせ、村民を三段階に分けて、上を無難、中を中難、下を極難とする。そして明瞭に分かるように村民に諭すのである。「汝ら無難の民は、この凶荒にあたって、飢渇を免れただけではなく、米価の高騰によって利益を得たことは、平素の勤倹が報いられたものである。極難の民が、飢渇に迫り、餓死を免れないのは、平生の遊惰の応報である。勤倹によって福を得、遊惰によって禍を得るのは、これは理の当然である。してみれば、貧困で飢えに迫る者は、自ら天の罰を受けた者であって、哀れみをかけるには足らないのである。しかしながら、代々同じ村に住み、同じ水を飲み、同じ風に吹かれ、病気には助け合い、死ねば弔い合い、苦楽を共にしてきたのは、一朝一夕の因縁ではない。かの乞食などは、固より無頼の凶人であって、産を失って放浪した者であり、憎むべき存在である。であっても、なお銭一文を施し、一掬《すく》いの米を与えるのが人情の常である。ましてや同じ村民が死ぬのを、立って見ているという道理はあるまい。汝らはこれを済う気持ちがないか、同邑同体としてその死を済う気持ちが無いとするならば、他国の我等がどうしてこれを済う理由があろうか。汝らがこれを済おうと思うならば、我等の方では無利息の米を貸そう。とはいっても、朝に夕のことを考えることのできない困窮民であるから、どうしてその借りを返すことができようか。そこで無難の民は、日に五文を積み、中難の民は日に三文を積み、極難の民は日に一文を積んで五年かけて返済するがよい。五文や三文の微々たる金は、これを乞食に施すほどのことである。来年米が稔ったならば、汝らの邑が施さなくても乞食は飢えることはない。これが未来の稔りで現在の飢渇を救う方法である。」と。

このように諭し終わって、その村を巡回し、家毎の貯蔵米を検査し、一人一日五合の割合として、不足している者には足し、あるいは孝弟な者は富家に下僕として奉公させ、強壮な者には荒地を開墾させて口糧を得させる。また老少病弱な者は、これを仮小屋に集めて養い、翌年麦の採り入れが行われるようになって米銭を与えて帰らせる。このように賑貸救荒の術を施すならば、一国の天民は悉く生命を全うすることができるのである。そうして予定どおりに五年をもって償還できたならば、米倉は一粒の損もなく、国は一人の民も失わないですむのである。しかしながら、これは止むを得ない場合の方法であって、平時に予備をしておくに越したことはないのである。

〈語義〉

○衰廃の国……衰え廃れた国。　○備荒……飢饉などで荒れ果てることに備えること。　○饑歳……飢饉の歳。　○老羸《ろうるい》は溝壑《こうがく》に転び……年老いて身体が弱った者は溝や谷間に倒れる。　○壮者は四方に散り……若者は四方に散ってしまう。　○餓莩《がひょう》は塗《みち》に満つ……餓死した屍はぬかるみに満ちる。
○邦君の失政……藩主の政治の失敗。　○有道の邦君……道徳を身にそなえた藩主。　○余粟……余りの米。　○与邦……仲間の国。　○荒歉《こうけん》……凶年で穀物の収穫が少ないこと。凶作。　○穀價翔貴《こっかしょうき》……穀物の値段が騰貴しさがらないこと。○生平遊惰……平生遊び怠けていること。○遊惰以て禍を得……遊び怠けていることによって災いを得る。○自得の天譴《てんけん》……自ら得た天罰。○同風に沐し……同じ風にあたること。○疾病相ひ扶け……病気の時は互いに助け合うこと。○死葬相ひ弔し……死者が出て葬式の時は互いにとぶらうこと。○苦楽相ひ倶にす……苦しみも楽しみも共にすること。○一朝一夕……短い期日。○乞児……食を人に乞うて生活する者。○無頼の凶人……一定の職業もなく無法な行いをする凶悪な者。○産を失ひ……財産を失うこと。○漂蕩《ひょうとう》……さまようこと。○一孔銭を施し、一掬米を与ふる……銭一文を施し、一掬いの米を与える。○賑貸……窮民救済のために無利子で金穀の貸付をなすこと。○困民……困窮の民。○未来の豊登……将来の豊かな稔り。○見在の飢渇を済ふ……現在の飢えや渇きを救う。○貯穀……穀物の貯え。○孝弟……父母に孝行で兄弟仲の良いこと。○富家に僕とし……富裕の家に下働きに行くこと。○壮強なる者……頑強な若者。○口食に就かしむ……日々の食糧を得させる。○老小羸弱《るいじゃく》なる者……年老いて身体の弱っている者や、小さくて弱い子供。○草廠《そうしょう》に養ひ……草で造った小屋（仮小屋）に収容すること。○麦秋……麦を取り入れる季節。旧暦四月。○賑貸救荒の術……窮民救済のために無利子で金穀の貸付をし、救助する方法。

第十九　教化（上）

教養は先王の民を治むる所以なり。然して或いは先づ養ひて而る後之を教へ、或いは先づ教へ而る後之を養ふ。何となれば、則ち貧困の民は衣食常に乏しく、平生一たびは飽暖《ほうだん》を得んと欲するのみ。一旦秋実を得るときは、則ち其の飽暖を逞《たくま》しくして来歳を顧みるに暇《いとま》あらざるなり。此くの如き者は、先づ之を養ひて其の心を厭足《えんそく》せしめざれば、則ち欲念胸中に充塞して、教への以て入る可き莫し。遊惰の民は其の念多く奸悪《かんお》を醸《かも》して常に飲博《いんばく》を事とす。此くの如き者は、先づ之を戒めて其の悪念を断たざれば、則ち悪業増長して、亦た養ひの以て施す可き莫し。教養苟も其の序《ついで》を失ふときは、則ち猶ほ寒に向かひて播種し、耘《たがやさ》ずして糞培するがごとく、終に其の成功を得る能はざるなり。嗟《ああ》、其れ教養の民に於けるや、猶ほ人の二足に於けるが如く、互ひに相ひ須《ま》ちて而る後行く可し。而して其の之を教ふるや、躬《み》を以て之を導くに非ざれば、則ち又行はれず。今吏有りて鶏晨《けいしん》に邑里《ゆうり》を巡行し、里正嚮導《きょうどう》を為す。下弦月無く、陰雲雨を帯び、闇黒咫尺《しせき》を弁ぜず。唯だ里正に従ひて行く。里正は路に熟して繆《あやま》らず。曰く左、曰く右、曰く溝、曰く橋と。従行して以て巡行を全くす。若し其れ里正親《みずか》ら路を引かざれば、則ち終夜して邑図を展べて順路を説くも、亦た数歩も豈に行くことを得んや。如《も》し巡行すること数回なれば、則ち熟すること猶ほ里正の如し。衰邑の民、生まれて貧困偸惰《とうだ》にして夙興夜寐《しゅっこうやび》の何事為《た》るかを知らず。況んや孝弟忠信の義に於てをや。躬を以て之を導くに非ざるよりんば、耳《じ》提面誨《ていめんかい》して日を累《かさぬ》ること彌々《いよいよ》久しきも、亦た何を以てか此れを異ならしめん。故に衰邑の民を導くは、鶏晨回邑を以て先務と為すなり。其の閭閻《りょえん》を行《めぐ》るや、早起きを問はず、晩起を咎めず、寒暑雨雪、一朝も怠らず。然りと雖も晩起の民、何を以て我が早行を見るを得ん。縦《たと》ひ偶々《たまたま》之を見る者有るも、必ず曰ん、吏又た過ぐ。何ぞ数々《しばしば》吾が宅地を過ぐるやと。亦た回邑の何故為るかを知らざるなり。之を箒を以て盤水を回《めぐ》らすに譬ふれば、其の始めて之を回らすや、箒と水と異にして、水為めに回らざるなり。其の久しくして止まらざるに及ぶや、水と箒と回ること極まり無く、終に箒を投ずれば、則ち水の回らす所と為るに至るは、是れ自然の勢ひなり。故に回邑之を久しくして怠らざるときは、則ち薄雪の朝、我が履迹《りせき》を見る者有りて曰く、誰か吾が宅地を過ぐる者ぞと。或いは偶々早起きして我が早行を見る者有り。吏曰く、回邑を為すなりと。一人倡《とな》ふれば則ち衆人和す。民挙りて相ひ謂ひて曰く、君、恩澤を布き、吏をして農を勧《すす》めしめたまふものは何ぞや。吾をして吾が生を安ぜしめんと欲したまふなり。吏寒暑と無く、日夜と無く、風雨霜雪を冒して回邑を為すは何ぞや。吾をして吾が家を保《たも》たしめんと欲するなり。然るに吾終日偸惰《とうだ》し終夜安眠して吏の過ぐること尚ほ知らざりき。是れ至仁の恩を忘れ、至愛の教へに背くものなり。何を以てか自ら天地の間に立たんやと。是れ平旦の清気、良心を発見して互ひに羞恥《しゅうち》を生じ、挙邑相ひ率ゐて夙興夜寐して厲精勤業《せいれいきんぎょう》し、終ひに板梆《はんのう》の暁を報じ、怠惰相ひ戒むる喧呼《けんこ》の声、吏の夢を破るに至るも、亦た自然の勢なり。誠に是くの如くなれば、行と教と並び至り、教と養と並び行はる。而る後孝弟忠信導く可し。倹譲の教へ施すべし。

〈訳文〉

第十九　教化（上）

教化と養育は先王が民を治めた道である。そして、あるいは先ず養育してから後に教化していき、あるいは先ず教化してから後に養育していく。なぜならば、貧困の民は常に食に乏しく、せめて一度は飽食暖衣したいというのが平生の願いである。そのために、一度秋の稔りを得たならば、忽ち飽食暖衣を逞しくして来年のことを考える暇がない。このような者は、先ず養って満ち足りた気持ちにさせるのでなければ、欲念が胸中に満ちていて、いくら教えても教えの入る余地がない。また遊惰の民は、心中に色々と邪悪なことを考えて、常に酒を飲んだり賭博を行ったりするのである。このような者は、先ず戒めてその悪念を断たなければ、悪行が増長して、養育の方法をとる余地がない。教化と養育は、その順序を失えば、寒気に向かって種を播き、草取りをせずに肥料を沃ぐのと同様であって、遂に成功することはできないのである。ああ、民に対する教化と養育は、人の両足のように、互いに相いまって始めて行うことができるのである。そしてこれを教化するには、身をもって導くのでなければ、また行われるものではないのである。

今、官吏があって一番鶏の鳴く頃に村内を巡回し、名主がこれに路案内を行ったとする。下弦で月は無く、雲は雨を帯び、真っ暗で一尺先も見えない。ただ名主について行く、名主はよく知った路であるから誤らない。左です、右です、溝です、橋ですという。ついて行けば巡回を全うできる、もし、名主が自ら案内するのでなければ、終夜村の地図を展げて順路を説明しても、数歩も行くことはできないのである。が、巡回も数度に及べば名主と同様に慣れてくるのである。ところで衰邑の民というものは、生まれながらにして貧困でかつ怠惰であって、朝早く起き、夜遅く寝ることが何になるかということを知らないのである。ましてや孝弟忠信というような道義道徳に至ってはいうまでもないことである。これらの民に対しては、身を以て導くのでなければ、いくら面と向かい、日数を費やして言い聞かせても、決して効果はないのである。それ故に衰邑の民を導くには鶏晨回邑を先務とするのである。そして村内を巡回するには、早起きをしていても何もいわず、朝寝をしていても何も咎めずに、暑寒・雨雪にかかわらず、一日も怠らないのである。しかし、遅く起きる村民には、早朝き回邑を見られるはずがない。譬えたまたまこれを見る者があっても、必ず「役人がまた通った。どうして度々自分の屋敷を通るのだろうか。」というだけで、回邑の理由を悟ることはないではないか、という疑問を持つ者があろう。

これを箸で盤の水を回すのに譬えるならば、回し初めには、箸と水とは別々であって、水は箸の力では回らない。が、長い間止めることなく回していると、水と箸とはともに回って止めどがなくなり、終いには箸を水の中に入れると、箸は水の力によって回ることになる。これが自然の勢いである。それ故、回邑を久しく怠ることがなければ、薄雪の朝、我が足跡を見て、「誰が自分の屋敷を通ったのだろう。」という者があろう。或いはたまたま早起きして、我が回邑を見る者があれば、「役人が回邑をしている。」というであろう。一人が言い出せば大勢が同感し、「君が恩沢を布いて役人を派遣して農業を勧められるのは何故か。それは我々の生活を安らかにさせようと考えられてのことである。役人が寒暑となく、昼夜となく、風雨霜雪を冒して回邑を行うのはどうしてか。我々の家を保たしめようと考えてのことである。それなのに我々は一日中遊び怠け、夜は眠りこけて役人の通ることすら知らないでいる。これは至仁の恩を忘れ、至愛の教えに背くものである。何を以て天地の間に身を立てることができようか。」と村民挙って言い合うようになる。こうして夜明けの清気に良心を発見して、互いに恥を知るようになり、村を挙げて朝早く起き、夜は遅くに寝て精励勤業して、ついに板木を鳴らして暁を報じ、怠惰を戒めて互いにかまびすく呼び合う声が役人の夢を破るようになるのも、また自然の勢いである。誠にこのようになれば、行動と教化は並び至り、教化と養育は並び行われるのである。このようになれば、孝弟忠信という道義道徳も導くことができ、倹譲の教えも施すことができるのである。

〈語義〉

○教養……教化と養育のこと。　○先王……古の立派な天子。　○飽暖《ほうだん》……腹一杯に食い、あたたかに着る。　○厭足《えんそく》……満足する。　○逞《たくま》しく……心の思うようにふるまう。　○欲念……むさぼる心。　○充塞……ふさぐこと。　○奸悪《かんお》を醸《かも》し……悪を求める心を作り出す。　○飲博……酒を飲み、博打をすること。　○悪念……悪い心。　○悪業……悪い行い。　○増長……漸次に高慢になること。　○序を失ふ……順番を失う。　○寒に向かひて播種し……冬になるのに種蒔きをすること。すなわち無意味なこと。　○耘《たがやさ》ずして糞培する……耕さないで肥料を施すこと。すなわち無意味なこと。　○鶏晨《けいしん》……夜明け。　○邑里……村里。　○里正……村長。　○嚮導《きょうどう》……先立って導くこと。　○下弦……陰暦二十二、三日頃の月。　○陰雲……暗く空を覆う雲。　○雨を帯び……雨を含むこと。　○闇黒咫《し》勺《せき》を弁ぜず……真っ暗で極めて接近しているものを区別することができないこと。　○路を引かざれば……道案内をしなければということ。　○邑図を展べて順路を説く……村の地図を広げて、道順を説明するということ。　○貧困偸惰《とうだ》……貧困で安きをぬすんで怠ること。　○夙興夜《しゅっこうや》寐《び》……朝早く起き、夜遅く寝ること。　○孝弟忠信の義……親孝行であり、兄弟仲良く、まめやかで誠があることの理。　○耳提面誨《じていめんかい》……面と向かって言い聞かせる。　○鶏晨回邑……朝早く村を廻ること。　○先務……第一の務め。　○閭閻《りょえん》を行《めぐ》る……村里を廻ること。　○寒暑雨雪……寒さや暑さ、また雨や雪。　○箸を以て盤水を回らす……箸で盥の水を掻き回す。　○薄雪の朝……少しの雪が降り積もった朝。　○履迹《りせき》を見る者……草履の型の跡を見る者。　○風雨霜雪……雨風や霜や雪。　○至仁の恩……この上なく憐れみ深い恩。　○至愛の教へ……この上ない愛の教え。　○平旦の清気……夜明けの純粋な精神と気力。　○羞恥《しゅうち》を生じ……恥じる心ができること。　○厲精勤業《れいせいきんぎょう》……仕事を励み勤めること。　○板梆《はんのう》の暁を報じ……拍子木で朝を知らせること。　○喧呼《けんこ》の声……かまびしく呼び叫ぶ声。　○吏の夢を破る……役人を起こすこと。　○行と教……行動と教え。

第廿　教化（中）

行と教は一なり。譬《たと》へば稲草の如く然り。種子、芽を生じて藁《わら》となり、藁、穂を生じて粟《ぞく》と為る。粟は粟を生ずること能はず、藁は藁を生ずること能はざるなり。行ひて而る後教へ、学びて而る後行ふ。夫れ行ひて而る後教へ、学びて而る後行ふ。故に其の功必ず修斉《しゅうせい》より以て治平に至る。苟も学びて行はず、行はずして教ふるは、則ち口耳の学問なり。一身すら尚ほ修む可からず、況んや民を治るに於てをや。孔子曰く、之に先んじ、之に労すと。又曰く、倦《う》むこと無しと。我、夙に興きて而る後之を民に教へ、我、夜には寐て而る後之を民に誨《おし》へ、我、精を厲《はげ》みて而る後之を民に推し、我、倹を行ひて而る後之を民に及ぼし、我、推譲して而る後之を諭し、我、孝弟忠信にして而る後之を導く。百行皆な然り。然り而して民尚ほ作《おこ》らざる者有らば、是れ我が心の誠実ならざるのみ。昔在《むかし》は延喜の帝、寒夜に御被《おんおおい》を推したまひて民と寒苦を同じうしたまひき。是の時に当たりてや、四海の貧民被《おおい》無くして而も寒気を覚えざりきと云ふ。豈に厳冬に寒気無けんや。天子は宜しく錦衾綾被《きんきんりょうひ》を襲《かさ》ねたまふべきなるに、而も貧民と寒きを同じうしたまふ。萬乗の尊きにましまして尚ほ是《か》くの如し。而るを況んや細民に於てをや。被の無き、固より其の所なり。此の心一たび定まらんか、寒気を覚えざりしなり。

至誠にましますこと神のごとし、誰か感動歔欷《きょき》せざる者有らんや。吁《ああ》。衰邑に臨みて其の民を治る者、必ず当《まさ》に自ら誓ふべし。邑中若《も》し飢へる者有るときは、則ち我も食せず、寒夜若し被無き者有るときは、則ち我も被を擁せず、夏の夜にして若し蚊幬《ぶんちゅう》無き者有るときは、則ち我も蚊幬を張らず、夜三更に至りても若し未だ休まざる者有るときは、則ち我も寝に就かず、若し法を冒して罪に陥る者有るときは、則ち謂ふ、君、我をして孺子《じゅし》を守らしめたまふに孺子井に陥る、孺子の罪に非ずして守る者の罪なりと。以て誠、以て実、日月と心力を盡すことの久しくして而も倦《う》まざるときは、則ち民の之に応ずること景響の如く、感発興起せざる者莫きなり。若し夫れ心焉《ここ》に在らず、口耳を以てのみ之を喩し、詐術を以て之を率《したが》へ、刑罰を以て之を威《おど》さば、則ち夜を畢るまで心力を盡すとも、亦た終ひに風化の功を見る可からざるなり。曽て俗吏有りき。衰邑に臨みて早起きを導き、私に禁令を立てて民を起こすに鶏晨を以てす。従はざる者有るときは、則ち索綯《なわない》を課して以て之を贖《あがな》はしめたり。一旦は効有るに似たりと雖も、而も吏の過ぐるを窺ひて、火を焚き以て早起きの如く表し、苟も索綯の責を免るるのみ。是れ所謂之を道《みちび》くに政を以てし、之を斉ふるに刑を以てし、民は免れて恥づる無き者なり。我が興復の法は、怠惰を振起するに鶏晨回邑を以て急と為し、之に応ずるに誠実を以てし、之を導くに躬行を以てす。是れ所謂之を道くに徳を以てする者なり。民、観感興起して、中心より自ら怠惰を耻ぢ、夙興夜寐して厲精勤業し、終ひに廃家を復し、衰邑を興すに至るなり。夫れ是れの如くんば、猶ほ粟と稾と互ひに生ずるが如く、行と教と並び行はれ、而る後教化の功以て見る可きなり。

〈訳文〉

第廿　教化（中）

行動と教化とは一つであり、たとえば稲草のようなものである。種が芽を出して藁となり、藁が穂を生じて籾となる。籾から籾を生ずることはできず、藁から藁を生ずることもできないのである。同様に行なってから後に教え、学んでから後に行なう。行なってから後に教え、学んでから後に行なうからこそ、その功は必ず修身斉家から治国平天下に至るのである。いやしくも学んで行なわず、行なわないで教えるというのでは、それは口耳の学であって、一身すら修めることはできないのであり、ましてや民を治めることなど到底できるものではない。孔子は「これに先んじ、これに労す。」と云い、また「倦むことなし。」と云った。自分が早起きして、その後にこれを民に教え、自分が夜遅く寝て、その後にこれを民に教え、自分が精励して、その後にこれを民に推し広め、自分が節倹して、その後にこれを民に及ぼし、自分が推譲して、その後にこれを民に諭し、自分が孝弟忠信であって、その後にこれを民に導く。百行みな同様である。しかしながら、それでも尚お奮い立たない者があるとすれば、それは自分の心が誠実でないからである。昔、延喜の帝（醍醐天皇）は寒夜に御衣を脱がれて民と寒苦を同じくされた。この時にあたっては、四海の貧民は着る物が無くてもなお寒気を覚えなかったという。どうして厳冬に寒気の無いことがあろうか。錦の衾、綾の着物を重ねられるべき天子が、貧民と寒さを同じくされる。万乗の尊い御身でさえそうであれば、ましてや細民に於ては着物が無くても当然のことである、と。この心が一度定まって寒気など覚えなかったのである。「至誠神の如し」であって、誰か感動して涙を落とさない者があろうか。

ああ、衰邑に臨んでその民を治めようとする者は、必ず自らに誓うべきである。村中にもし飢える者がある時は、自分も食しない。寒夜にもし着る物がない者がある時は、自分も着ない。夏の夜に蚊帳の無い者がある時は、自分も蚊帳を張らない。真夜中になってももし未だ休まない者がある時は、自分も寝に就かない。もし法を犯して罪に陥る者がある時は、君は自分に幼児の守《もり》を命ぜられた。しかるに幼児が井戸に陥ちた。これは幼児の罪ではなくして守る者の罪であると云おう、と。こうして真に誠実でもって日に月に心力を尽くして久しく倦むことがなければ、民がこれに応ずることは、蔭が形に従い、響きが声に応ずるように、感奮興起しない者は無いのである。

もし心が此処に無く口先だけで諭し、詐術をもって率い、刑罰でもって威したならば、終世心力を尽くしても、ついに美風感化の功を見ることはできないのである。かつて俗吏があった。衰邑に臨んで早起きを指導し、自分勝手に禁令を立てて、鶏晨に起こし、従わない者があれば、索綯を課して贖わせた。一旦は効果があるようにみえたけれども、役人が通り掛かるのを窺って、火を焚いて早起きのように見せ掛け、索綯の責めを免れるだけであった。これがいわゆる「之を道《みちび》くに政を以てし、之を斉ふるに刑を以てし、民は免れて耻無き者なり。」というものである。わが復興の法は、怠惰を奮い起こすのに鶏晨回邑を先ず行うべきこととし、これに応ずるに誠実をもってし、これを導くのに躬行をもってするのである。これがいわゆる「之を道くに徳を以てす」るものである。民は感奮興起して、心中から自らの怠惰を恥じて、朝は早く起き、夜は遅く寝て精励勤業し、ついに廃家を立て直し、衰邑を復興するに至るのである。このようになるのは、丁度籾と藁が互いに生ずるように、行動と教化が並び行われることによって、始めて教化の功は見るべきものが得られるのである。

〈語義〉

○行……行動すること。　○稲草……稲の茎。　○藁……稲や麦の茎を乾燥させた物。　○修斉より以て治平に至る……修身・斉家・治国・平天下のことであり、『大学』に見える。これは、身を修めることにより、家が斉い、家が斉うことにより、国が治まり、国が治まることによって天下が平和になるのであり、すべての根本は身を修めることから始まることをいう。　○口耳の学問……人に聞いた事をそのまま人に告げ、少しも自分の身につかないこと。　○孔子曰く、之に先んじ、之に労すと。又曰く、倦むこと無しと。……『論語』子路篇に見える。　○精を厲《はげ》みて……精励すること。　○百行……あらゆる行い。　○延喜の帝、寒夜に御被を推したまひて民と寒苦を同じうしたまひき。是の時にあたりてや、四海の貧民被《おおい》無くして而も寒気を覚えざりきと云ふ。……『大鏡』に見える醍醐天皇のエピソード。『大鏡』には、「その御時にむまれあひて候けるは、あやしの民のかまどまで、やむごとなくこそ。大小寒のころほひ、いみじうゆきふりさえたる夜は、『諸国民百姓いかにさむからん』とて御衣をこそ夜御殿よりなげいだしおはしましければ、をのれまでもめぐみあはれびられたてまつりて侍る身と、おもだ、しくこそは。」と記されている。このエピソードは、『平家物語』や『続古事談』にも見える。醍醐天皇の時代は、律令政治最後の時代であり、一代おいた村上天皇の時代と共に、後世「延喜天暦の治」と称して天皇親政の理想的な時代と考えられた。○厳冬……厳しい寒さの冬。○寒気……寒いこと。○錦衾綾被《きんきんりょうひ》……錦の夜具や、あやぎぬの着物のこと。○萬乗の尊き……尊い天子の位。○細民……貧民。○至誠にましますこと神のごとし……『中庸』に見える。○感動歔欷《きょき》……深く心に感じ、むせび泣くこと。○蚊幬《ぶんちゅう》……かや。○夜三更……十二時。○孺子《じゅし》……幼児。○景響……影の形に従い、響きの音に応ずること（出典『書経』）から関係を及ぼすこと。○感発興起……心に感じ、意気を奮い起こすこと。○詐術……偽りのてだて。○率《したが》へ……服従させる。○刑罰……とがめ。○威《おど》さば……おそれさせる。○風化の功……下の者が上の者の徳に教科するという効果。○俗吏……俗物の役人。○贖《あがな》はし……うめあわせをすること。○火を焚き以て早起きの如く表し……火を焚いて早く起きているようにみせること。○索綯の責を免る……縄ないをしなければならない責任を逃れること。○之を道《みちび》くに政を以てし、之を斉ふるに刑を以てし、民は免れて耻無き者なり……『論語』為政篇に見える。○怠惰を振起す……怠け者を奮い起こすこと。○急と為し……急務、まず行うべきこと。○誠実……いつわりなくまめやかなこと。　○導くに躬行を以てす。……垂範実行すること。　○之を道くに徳を以てする者なり……『論語』為政篇に見える。　○観感興起……観て感じ、意気を奮い起こすこと。　○中心……本心。　○夙興夜寐《しゅっこうやび》して厲精勤業し……朝は早くから起き、夜はおそくに寝て、励み務めて仕事を勤めること。　○廃家を復し、衰邑を興す……家計の成り立たなくなった家を復興し、衰えた村を再建すること。

第廿一　教　化（下）

孔子曰く、之を道くに徳を以てし、之を斉《とと》ふるに礼を以てすれば、耻有り且つ格《いた》ると。夫れ、徳を以て民を道く、固より教化の本にして前論既に之を言へり。何をか礼を以て之を斉ふと謂ふ。曰く、礼の実は譲に在り。譲は分に生ずるなり。何をか分と謂ふ。今、百室の邑有りて、田畝の秩を千石と為す。即ち邑の天分なり。何をか天分と謂ふ。天地剖判して大地不易の分定まる。大地判《わか》れて萬国と為り、萬国の一を皇国と為す。皇国判れて五畿七道と為り、又た判れて六十有余州と為り、州判れて郡と為り、郡判れて千石の邑と為り、千石判れて十石の家と為る。此れに由りて之を観れば、分の本源は天に出でて而して易ふ可からざるや審《つまびら》かなり。然らば則ち此の邑に生まるる者は、天の時に因り地の利に就き、十石の田を樹芸し、耕耘培養して其の力を盡し秋穫を収めて賦税を出し、種子を蓄へて其の残数を四分し、其の一を以て儲蓄と為し、其の三を以て十二月三百六十日之を節制し、仰ぎては父母を養ひ、俯しては妻子を育つ。此れ是の邑の生民の道なり。何をか道と謂ふ。天開けて而る後両間に生々するものは、人類を論ずる亡く、禽獣虫魚及び草木まで皆自づから止まる所の命有りて存す。松の山嶺に生じ、柳の水辺に生ずるは命なり。禽獣の山野に生じ、魚鼈《ぎょこう》の河海に生ずるも亦た命なり。人類の漢土に生まれ、皇国に生まる、皆命に非ざるもの莫し。況んや千石の邑に生まれるは固《もと》より自然の天命なり。然らば則ち千石の邑に生まれ、十石の分を守る所以のもの、本原又た天に出でて而して易ふ可からざるや明らかなり。然り而して千石の邑、百戸の民、之を均しくするときは、則ち一戸十石にして、是れ一家の命分、一邑の中庸なり。然りと雖も祖先の積徳せると否とに因りて互ひに増減を生じ大小貧富の差を為す。何をか大と謂ふ。一戸の秩、天分以上なるを大と為す。何をか少と謂ふ。一戸の秩、天分以下なるを小と為す。大、之を富と謂ひ、小、之を貧と謂ふ。富めるものは天に位す。則ち天命は貧小なるものを覆育するに在り。貧しきものは地に位す。則ち天命は覆育を受け、勤動して以て其の徳に報ゆるに在り。夫れ天分十石の邑に生まれ、五石を増して以て富大の福を得る者有るは何ぞや、五石を減じて以て貧小に苦しむ者有るが故なり。我に増せば必ず彼に減ず。彼の小は則ち我の大、我の富は則ち彼の貧なり。然らば則ち大小貧富は固より一物にして相ひ離れざるや、猶ほ天地の一物にして男女の一体なるが如きなり。蓋し天余り有りて地足らず、余り有るもの必ず足らざるを補ふ。故に天覆ひ地載せ、天気下降し地気上騰し、絪縕《いんうん》相ひ和して萬物生ず。男の女に於けるも亦た然り。男女相ひ和して子孫生まる。富の貧に於けるも亦た然り、貧富相ひ和して貨財生ず。若し夫れ天地睽《そむ》けば則ち萬物生ぜず。萬物生ぜざれば則ち天地も亦た滅す。男女睽けば則ち子孫生まれず、子孫生まれざれば則ち人類も亦た滅ぶ。貧富睽けば則ち貨財生ぜず。貨財生ぜざれば則ち貧富倶に滅ぶ。是のゆえに富者は天分に止まり、余財を譲りて以て之を貧者に推し、貧者は夙夜勤動し余力を推して以て其の徳に報ゆ。貧富大小各々其の分に止まり、其の業を楽しみて其の生を安んず。夫れ是《かく》の如くなれば、則ち貧富相ひ和し、一邑は一家の如く然り。富者は長く富有を失はず、貧者は遂に離散亡滅するを免れ、戸足り人給し、孝弟忠信行はれ、政は刑を措くに至り、教化の能事終はるは何ぞや。天分を明らかにして推譲の道行はるるが故なり。

〈訳文〉

第廿一　教化（下）

孔子は「之を道くに徳を以てし、之を斉ふるに礼を以てすれば、耻有り且つ格る。」といった。その徳をもって民を導くことは、固より教化の根本であって、前章にすでに述べた。では、礼を以てこれを斉うとは何をいうかといえば、礼の実は譲に有り、譲は分に生じるものである。何を分というかといえば、今百戸の邑があって、田畑の祿高を千石とすれば、それがこの邑の天分である。何を天分というかといえば、天地開けて大地の不易の分が定まり、大地が分かれて万国となり、万国の一つが皇国である。皇国が分かれて五畿七道となり、また分かれて六十余州となり、州が分かれて郡となり、郡が分かれて千石の邑となり、千石が分かれて十石の家となっている。これによってみれば、分の本源は天から出て変えることのできないものであることは明らかである。してみれば、この邑に生まれた者は、天の時により、地の利に従って、十石の地を耕作し、耕し草取りし、肥料を与え、力を尽くして秋の稔りを収穫し、その中から租税を出し、種を蓄えて、その残りを四分し、その一を貯蓄とし、その三を十二ヵ月三百六十日に割り当てて消費を節制し、仰いでは父母を養い、また妻子を育てる。これがこの邑の生民の道である。

何を道というか。天地開闢以来、天地の間に生まれるものは、人類は勿論、禽獣虫魚から草木に至るまで皆それぞれ止まるところの命があるのである。松が峰に生じ、柳が水辺に生ずるのは命である。禽獣が山野に生まれ、魚や亀が河海に生まれるのもまた命である。人類で或いは漢土に生まれるのも、或いは皇国に生まれるのも、皆命でないものはない。ましてや千石の邑に生まれたものは、固よりそれが自然の天命である。であれば、千石の村に生まれ十石の分を守るのも、本源はやはり天に出たものであり、やはり変えることのできないものであることは明らかである。そうして千石の邑に百戸の民、これを平均するときは、一戸十石であって、これが一家の命分であり一村の中庸である。しかしながら、祖先の積徳と倦む多少によって互いに増減を生じ、大小貧富の差が生じる。大とは何かといえば、一戸の持ち高が天分以上のものである。小とは何かといえば、一戸の持ち高が天分以下のものである。大であるものを富むといい、小であるものを貧しいというのである。富める者は天に位する者である。その天命は貧小である者を覆い育てることにある。貧しい者は地に位する者である。その天命は覆育を受け、勤労してその徳に報いることにある。

一体天分十石の邑に生まれて五石を増して富大の福を得る者があるのは何故であるかといえば、五石を減じて貧小に苦しむ者があるからである。自分に増せば必ず彼が減る。彼の小は自分の大となり、自分の富は彼の貧となる。してみれば、大小貧富というのは、固より一つのものであって相い離れることの無いものであり、男女が一体であるのと同様である。ところで天は余りがあって地は足りない。余りあるものは必ず足らないものを補う。それ故天は覆い地は載せ、天の気は下に降り、地の気は上に騰り、創造の元気が相和して万物が生じるのである。男と女もまた同様であり、男女が相和して子孫が生まれるのである。富と貧における関係もまた同様である。貧富が相和して財貨が生まれるのである。もしも天地が背き反すれば万物は生まれず、万物が生まれなければ天地もまた滅亡する。男女が背き反すれば子孫は生まれず、子孫が生まれなければ人類もまた滅ぶ。貧富が背き反すれば財貨は生まれず、財貨が生まれなければ貧富ともに滅ぶのである。それ故に富者は天分に従って余財を譲って貧者に推し、貧者は早く起き夜遅く寝て勤労し、余力を推してその徳に報いる。こうして大小それぞれがその分に止まってその業を楽しみ、その生を安んずるのである。このようになれば、貧富が相和して一邑は一家のようになり、富者は長く富有を失うことがなく、貧者は遂に離散滅亡を免れ、家毎、人毎に満ち足りて、孝弟忠信は行われ、政は刑罰が不用になり、教化の仕事は終わるのである。これは何によってそうなるかといえば、天分が明らかになって推譲の道が行われるからである。

〈語義〉

○孔子曰く、之を道くに徳を以てし、之を斉ふるに礼を以てすれば、耻有り且つ格ると……『論語』為政篇に見える。○礼の実……礼の本質。○譲……推譲のこと。○田畝の秩……田圃からの収穫高。○萬国……世界各国。○皇国……日本のこと。日本は天皇によって統治される国であるから天皇の国という意で皇国という。○五畿七道……日本の地方区分。五畿は畿内のことであり、都の周辺地域を指し、大和・山城・河内・摂津・和泉の五ヶ国を指すところから五畿内とも五畿ともいう。七道は東海道・東山道・北陸道・山陰道・山陽道・南海道・西海道の七地方をいう。○六十有余州……日本の地方行政単位の国が六十六国二島あったところより、一般に略して六十余州という。○樹芸……樹木を育てること。ここでは五穀を育てる意。○耕耘培養……農作業をし、草木をつちかいやしなうこと。○賦税……決められた税。○種子を蓄へ……種籾を貯え残すこと。○儲積……貯え積むこと。○天開けて而る後両間に生々するものは、人類を論ずる亡く、～生まれるは固より自然の天命なり。……第一章「命分」参照。○魚鼈《ぎょこう》……魚や鼈の類。○漢土……シナ。○本原……根源。○祖先の積徳……祖先の積もった徳。すなわち祖先の努力。○貧小なるものを覆育する……天地が万物を被い育てるように、貧しい者を庇い養っていくこと。○富大の福を得る……多くの富による裕福な生活。○我に増せば必ず彼に減ず。……尊徳翁の著『一器水動不増不減鏡』に物の増減の理を一器の水の傾くに譬えて面白く説いてある。即ち一器の水の傾くを見るに、此方が一寸減ずれば彼方は一寸増し、此方が一寸増せば彼方は一寸減ずる。一個所に執着して見るから増減があるように見えるのであって、器の水全体には元々少しの増減も無いのである。経済生活も全く同様であると説き、「増減はうつはかたむく水と見よ、こちらまさればあちらへるなり」と歌ってある。要するに一個の私に執着するところの小さな利己心を捨て去ることが大切なのである。○絪縕《いんうん》相ひ和して萬物生ず……天地の盛んな気が一つになって全てのものが生まれる。○天地睽《そむ》けば……天と地が背反すること。○離散亡滅する……ちりじりになり、滅亡する。○政は刑を措《お》く……道が行われ、民は法を犯すことがないために刑は廃して用いることが無いこと。

第廿二　全　功（上）

国家衰廃の時に当たり、其の衰へたるを挙げ、其の廃《すた》れたるを興し、国家を富獄《ふがく》の安きに措《お》かんと欲するは、豈に大業ならざらんや。古《いにしえ》より以来《このかた》、大丈夫志を立て道を行ひ、廃国を興し、善政を布き、君をして堯舜《ぎょうしゅん》と為し、民をして無窮の澤を蒙《こうむ》らしめんと欲する者有りと雖も、而も往々初め有りて終はり莫《な》し。豈に其の慮《おも》ひ未だ周《あま》ねからず、其の道未だ盡さざるや。蓋し国用を制する、王制の法に循《したが》へば、則ち国家富盛にして衰廃の患無きなり。此の法陵夷《りょうい》して、費出経《けい》無く、奢侈行はれて、国用節無し。苟も費出経無く、国用節無ければ、則ち一歳の入を盡すも亦た猶ほ足らず。賦を加へて以て之を足し、諸れを他に借りて以て之を補ふ。是れ衰国の常なり。是の時に当たり、有志の大夫、其の衰へたるを挙げ其の廃れたるを興さんと欲する。必ず先づ弊政を改め、奢侈を禁じ、入を量《はか》りて以て出を制し、倹を行ひて以て民に厚うす。夫れ国家衰弱、租税随つて減ず。苟《いやしく》も入を量り出を制せば、則ち上は公用より下士禄に至るまで、其の度に由りて裁減せざるを得ざるなり。苟も士禄を減ずれば則ち必ず曰く、我が禄や、先君吾が祖百戦の勲労に報ひたまふなり。君何ぞ之を私したまはんや。君に非ざるなり、大夫なりと。苟も民に厚うすれば則ち必ず曰く、四境虞《おそ》れ無くして社稷《しゃしょく》を安んずるもの、虎臣矯々《こしんきょうきょう》、多士済々の故に非ずや。何ぞ民に厚うして士に薄うするや。此れ豈に君の慮《おもんぱかり》ならんや、必ず大夫の為すところなり。大夫微《なくん》んば則ち此の窮苦無しと。盛衰の天分を知らず、例を引き株《しゅ》を守り、徒《いたず》らに禄の減少を以て憂ひと為す。衆口金を鑠《とか》し積毀《せっき》骨を鎖《とざ》す。咎《とが》無くして咎を帰し、罪無くして罪に陥る。是れ大業の其の終はりを全ふする能はざる所以なり。匹夫餉器《しょうき》を持すれば則ち蝿必ず集まる。職禄高崇なれば則ち怨望必ず帰す。餉器を棄つれば則ち蝿集《ようしゅう》の患無く、職禄を去れば則ち怨望頓《と》みに解《と》く。大夫苟も其の衰廃を興さんと欲せば、則ち先づ職禄を辞し、閑家具は論ずる無く家宝重器と雖も之を鬻《ひさ》ぎ、以て荒蕪を墾き、僅かに其の産粟を以て自奉と為し、小臣貧士と衣食を同じうし、日夜孜々《しし》として此に従事せば、則ち必ず曰はん、憂国の大夫、尚ほ重禄を辞し墾田を以て自奉と為し、衣食我に如かざるなり。我豈に徒然として禄を食むべけんや。況んや禄の減少、固より其の所なりと。徒食の耻《ち》心勃然《ぼつぜん》として興り、減禄の怨心釈然として解く。而して小大各々其の分を知り、其の貧に安んず。語に曰く、国を有ち家を有つ者、寡《すくな》きを患《うれ》へずして均《ひと》しからざるを患ふ。貧しきを患へずして安からざるを患ふ。蓋し均しければ貧しきは無く、和らげば寡きは無く、安ければ傾く無しと。八口の貧家、偶々《たまたま》一衣を得、一人之を取れば則ち七衣足らず。乃ち之を乃祖《だいそ》に献ず。乃祖曰く、老饕《ろうこう》何ぞ此の新衣を用ひるを為さんと。之を長子に与ふ。長子之を弟に譲る、弟又た之を甥に推す。終ひに七人の偏《あまね》くして皆辞す。之を取れば則ち七衣足らず。之を譲れば則ち一衣余り有り。大夫一たび禄位を辞して、一国の士自づから其の分を知り其の貧に安んず。是れ大業其の終はりを慮りて功を全ふするの道なり。然れども道を信ずること篤うして国の為に其の身を忘るる者に非ずんば能はざるなり。

〈訳文〉

第廿二　全功（上）

国家の衰廃の時に当たって、その衰廃を復興して、国家を富獄の安きにおこうとすることは、実に大きな業ではないか。古来、大丈夫が志を立てて道を行い、廃国を復興し、善政を布いて、君に堯舜の名を得させ、民に無窮の恩沢を被らせようと願った者があったけれども、往々にして始めだけあって終わりがないのである。それは、その思慮がまだ周密を欠き、その道を尽くしていないからではなかったろうか。

考えてみるに、国用を制するのに、王制の法に従えば国家は隆盛であって衰廃の憂いはないのである。この法が次第に衰えて経費の支出に規律が無くなり、奢侈が行われて国用に節度が無くなる。支出に規律が無くなり、国用に節度が無くなれば、一年の収入を尽くしてもなお不足する。そこで租税を増してこれを足し、また他から借りてこれを補うのが衰国の常である。此の時に当たって、志のある家老が、この衰廃を復興しようと考えるならば、まず必ず弊政を改め、奢侈を禁じ、収入を計算して、支出を節制し、節倹を行って民に厚くすることである。国家が衰弱しているときは租税も減少しているものである。そこで収入を量って支出を節制すれば、上は公用から、下は武士の俸祿に至るまで、その度合に応じて節減せざるをえない。いやしくも俸祿を減少すれば必ずいうであろう。「我が禄は、先君が祖先の百戦の勲労に対して報いられたものである。当君がどうしてこれをかってに減少されよう。これは君のされたことではない。家老の仕業である。」と。またいやしくも民に厚うすれば必ずいうであろう。「四境に不安がなく国家が安泰であるのは、武勇に秀でた家臣が揃っているからではないか。どうして民に厚くして士に薄くするのか。これは君の考えでは無いであろう。必ずや家老の仕業であろう。家老さえいなければ、このような窮苦はないであろう。」と。このようにして盛衰の天分を知らずに、先例を引き慣習にこだわって、むやみに禄の減少のみを憂いとし、遂に「衆口金を鑠《とか》し、積毀骨を鎖《とざ》す。」という諺のとおり、咎もないのに咎があったようにし、罪もないのに罪に陥れることになるのである。これが大業の終わりを全うすることができない理由である。

卑しい男が飯鉢を持っておれば、蝿は必ず集まってくる。職禄が高ければ必ず怨望が出てくる。飯鉢を棄てれば蝿の集まってくる憂いはなく、職禄を去れば怨望は忽《たちま》ち解ける。家老がいやしくもその衰廃を復興しようと考えるならば、先ずその職禄を辞退し、不要な家具は勿論のこと、家宝重器までも売却して、荒地を開墾し、僅かにその産米だけを自分の収入とし、小禄貧困の武士と衣食を同じくした上で、日夜たゆむことなくこのことに従事するならば、必ずいうであろう。「憂国の家老さえ重禄を辞して墾田を以て生活の資とし、衣食も我等に及ばない。我等がどうして何もすることなしに禄を食むことができようか。ましてや禄の減少などは、固より当然である。」と。このようにして徒食を恥ずる心が勃然《ぼつぜん》として興り、減禄を怨む心は釈然として解け、大小士とも各自の分を知り、その貧に安んずようになるのである。語に「国を有ち家を有つ者、寡《すくな》きを患へずして均しからざるを患ふ。貧しきを患へずして安からざるを患ふ。蓋し均しければ貧しきは無く、和らげば寡きは無く、安ければ傾く無し。」とある。

八人家族の貧家が、たまたま一枚の着物を得た。一人がこれを取れば七枚の着物が足りない。そこでこれを祖父に献じた。祖父は「年寄りがどうしてこのような新しい着物を用いることができようか。」といって、これを長男に与えた。長男はこれを弟に譲った。弟はまたこれを甥に譲った。遂に七人とも漏れなく回って皆辞退した。これを取れば七枚不足し、これを譲れば一枚でも余るのである。家老が禄を辞して、一国の武士が自然とその分を知って貧しい生活に安んじる。これこそ大業の終わりを深慮して功を全うする道である。しかしながら、これは道を信じることが篤く、国のためにその身を忘れる人物でなければ実行することのできないことである。

〈語義〉

○富獄の安きに措かんと欲す……富士山のような安定を得るようにしようと思うこと。　○大丈夫……猛く強い男子。　○志を立て……目的・目標を明確にし、その実現に努力すること。立志について懇切に説いているものに、橋本景岳（左内）の『啓発録』がある。○善政を布き……良い政治を行うこと。○君をして堯舜と為し……君をして堯や舜のような仁君たらしめること。○無窮の澤を蒙らしめん……窮まりない恩澤（めぐみ）を受けさせること。○其の慮《おも》ひ……君をして堯舜と為し、民に無窮の澤を蒙らしめんとする考え。○而も往々初め有りて終はり莫《な》し……物事を始めてもそれが完成しないこと。何事に於いても、物事を始める最初に当たって、その志――進むべき方向・目標――をしっかりと定めることは先ず第一に大切な事であるが、一旦確立した志は之を何処までも持ち続け、中途に於いて決して作輟し挫折することなく、まっしぐらに進むべきであり、更にその終わりを全うすること、之が最も大切であり又至難のことである。之を人の人生でいうと晩節を全うするということである。吉田松陰の『講孟箚記』告子上篇第十七章に「凡そ人少年英気の時は文章議論赫々浩々、必ず善く人を動し、分外の誉を得る者也。然れども四十五十学熟し識定り、老成沈着にして、愈噛んで愈味あるに至らざれば、真の品目は定まらざる者なり。」とある。人生に於いて最も注意すべきことである。○未だ周《あま》ねからず……まだ周密さを欠いていること。○王制の法……王制四分の法のこと。即ち古代聖人の定めた制度のことであり、一年の収入を四分し、その三をして一年の費用とし、残りの四分の一を貯蓄に充てて、非常の時の費用にすること。○陵夷……物事が次第に衰えること。○費出経亡く……出費に計画が無いこと。○奢侈……生活の必要程度や分限を越えて消費をすること。おごり。ぜいたく。○大夫……もと周の官名、卿の下、士の上に位する。ここでは藩士の上に立って藩主を補佐し、藩政の枢機に参与する人、即ち家老をいう。○弊政……弊害の多い政治。○士禄……家臣の俸禄。○裁減……きりへらすこと。○先君……先代の主君。○百戦の勲労……度々の戦いに於けるてがら。○四境虞《おそ》れ無くして社稷《しゃしょく》を安んず……国の境に不安が無く国家が安泰であること。○虎臣矯々……虎臣は虎のように勇猛な家臣。矯々はたけき貌。○多士済々……すぐれた人材が多くあること。○慮《おもんばかり》……思いはかること。○窮苦……貧困。○例を引き株《しゅ》を守り……前例を引き、旧習を固守して変通を知らないこと。○衆口金を鑠《とか》し積毀《せっき》骨を鎖《とざ》す……讒言も多く積もる時は堅き金をも、骨をも溶かし尽くしてしまう。衆口の恐るべきを譬えていう。『史記』鄒陽伝に見える。○咎《とが》無くして咎を帰し、罪無くして罪に陥る……過ちがないのに過ちがあるとし、罪がないのに罪におとす。○大業……衰廃した国を復興するという業務。○匹夫……身分の卑しい男。○餉器《しょうき》……食べ物を入れる器。食器。○職禄……役目に応じた俸給。○高崇……高く多いこと。○怨望……恨めしく思うこと。○蝿集《ようしゅう》の患……蝿が集まる憂い。○頓《と》みに解く……にわかに納得する。○閑家具……不必要な家具。○家宝重器……家に伝わる宝物や貴重な器具。○鬻《ひさ》ぎ……売ること。○自奉……自分の身を養うこと。○小臣貧士と衣食を同じうし……身分の低い臣下や貧しい武士と同じような生活をすること。○孜々《しし》……つとめて倦まぬさま。○憂国の大夫……国を憂える家老。○重禄……多い俸禄。○我に如かざるなり……自分に及ばない。○徒然……なすこともなく退屈なこと。○徒食……何の仕事もせずに遊び暮らすこと。　○恥心……はじを知る心。　○勃然……勢いよくおこり立つさま。　○釈然……心のうちとけるさま。　○語に曰く、国を有ち家を有つ者、寡《すくな》きを患へずして均しからざるを患ふ。貧しきを患へずして安からざるを患ふ。蓋し均しければ貧しきは無く、和らげば寡きは無く、安ければ傾く無しと……『論語』季子篇に見える。　○八口の貧家……八人暮らしの貧しい家。　○乃祖《だいそ》……祖先。ここでは祖父。　○老皞《ろうこう》……老骨。　○新衣……新しい着物。　○長子……長男。　○徧《あまね》くして……広くいきわたって。　○禄位……俸禄と位。　○功を全ふするの道なり……国を復興させるという功績を実現させる方法。

第廿三　全　功（中）

衰へたるを挙げ廃《すた》れたるを興すは、聖賢の道にして、人君の職なり。之が為に身を委《ゆだ》ね力を盡して、以て其の功を成すは、大夫の任なり。創業の大夫禄位を辞して其の成功を全ふするは、前論備はれり。然り而して興国の大業、豈に大夫一人の得て為す所ならんや。成功は必ず胥吏《しょり》田畯《でんしゅん》に頼る。苟も其の人を得れば則ち成り、其の人に非ざれば則ち敗る。蓋し叔世の人心、往々功名利禄の外に出でざるなり。其の心功名利禄に在るや、上に事へば則ち阿諛《あゆ》苟合《きょくごう》、下に臨めば則ち残忍酷薄、君是《ぜ》と曰へば、対へて是と曰ひ、大夫非と曰はば、答へて非と曰ふ。黙々以て阿《おもね》り、諾々《だくだく》以て諛《へつら》ふ。甚だしきに至りては、則ち禄位を貪《むさぼ》り賄賂を釣り、民の膏血《こうけつ》を浚《さら》つて己の一身を利し、国の興亡、民の安危に於けるや漠然たり。詩に云く、赤くして狐に非ざるは莫《な》く、黒くして烏に非ざるは莫しと。嗚呼、廃国の俗、滔々として皆是れなり。若し此の輩をして大業に任じ仁政に与《あず》からしめば、則ち徒らに攫竊《かくせつ》を資《たす》くるのみ。縦《たと》ひ偶々忠直の臣有り、一旦憤激し、身を報国に忘るるも、志を得て道行はるるに及ぶや、身家得失の念生じ、高位重禄を覬《うかが》ひ、諂諛《てんゆ》面従《めんじゅう》、唯々諾々、終ひに附益聚斂、民を残《そこな》ひ国を滅ぼすに至る。亦た庸人と以て異なる無し。庸人固より彼が如く、忠直尚ほ是《か》くの如し。倶に成功を全ふするを得ざるは何ぞや。国を興すは、固より聖賢君子の道にして、庸人の与《あず》かる可きに非ざればなり。民を安んずるは、固《もと》より王公君大夫の業にして、小臣僕隷の任ず可きに非ざればなり。其の与かる可からざるに与かり、其の任ず可からざるに任ず、是れ大業の功を全ふする能はざる所以なり。然らば則ち大業終《つ》ひに成る可からざるか。夫れ国は功臣の忠義に興り、世臣の素《そ》餐《さん》に廃《すた》る。今将《ま》さに其の廃れたるを挙げんと欲して、尸《し》位《い》素餐と行を同じふす。是れ猶ほ覆《ふく》屋《おく》上に坐して、其の家を興さんと欲するが如きなり。尸位素餐は屋上に在る者なり。屋を下らずんば則ち其の覆を興す可からず。素餐を去らずんば則ち其の廃を挙ぐる可からず。故に大業に任ずる者、必ず先づ禄位を辞し、澹《たん》泊《ぱく》に甘んじ、節操を厲《はげ》まし、賞有りと雖も之を辞し、其れ夙《しゃく》夜《や》黽《びん》勉《べん》、千酸萬辛を盡す所以のもの、惟《た》だ惟だ世々沐する所の君恩に報ゆるのみ。豈に復た後賞を求むるの意有らんや。然りと雖も衣食無くんば、則ち何を以て其の任に堪へん。是に於て大夫辞する所の禄粟を以て荒蕪を墾《ひら》き、其の産粟を与へて以て世禄に易へ、任職の資と為す。蓋し、闔《こう》国《こく》の荒蕪、数十年を経るに非ざるよりは、墾盡する能はざるなり。乃ち数十年間墾《たがや》さざれば、則ち蕪田原野のみ。然らば則ち其の墾田産する所の粟も、亦た猶ほ原野の生草の如きなり。世禄を辞し位官を避けて原野の生草を食《は》む、是れ臣にして臣に非ず。士にして士に非ず。一身全国の分外に在りて興国の大業に任じ、国君の仁政を助く。是れ屋上を下りて其の覆を興し、素餐を去りて其の廃を挙ぐるなり。然らば則ち何の大業か成らざらん。何の成功か全ふせざらん。誠に是《か》くの如し。而して言聴かれず道行はれずんば、則ち断然其の任を辞す。苟も其の任を辞せば、則ち宜しく旧禄に復す可きなり。然らば則ち進みて勤苦、退きて安逸なり。夫れ進みて苦しむなり。人の常情は苦を避けて逸に就く、何を苦しんで黙々阿諛して以て勤苦を取らんや。退きて逸せば、則ち人の情、又た何を苦しみて逸を避け、以て諤々敢言《がくがくかんげん》せざらんや。夫れ是《か》くの如くんば、則ち庸人過《あやま》ちて大業に任ずるも、亦た成功を全ふするを得、況んや忠直の臣に於てをや。

〈訳文〉

第廿三　全功（中）

衰廃を復興することは、聖賢の道であって、人君の職責である。そのために身を捧げ、力を尽くして成功させるのは家老の任務である。この業を創《はじ》めるにあたり、家老が禄を辞して、その成功を全うするべきことは前章に述べた通りである。しかしながら、興国の大業は、どうして家老一人の力で成し遂げることができようか。それを成功させるには必ず担当の役人や村役人の力に頼らなければならないのであり、それに人を得れば成功し、その人を得られなければ失敗する。考えるに末世の人心は、功名利禄ということ以外に何もない者が多い。その心が功名利禄の者は、上に仕えれば、媚び諂って調子を合わせ、下に対しては残忍で情は極めて薄い。君がこうだと云えば、そうですと答え、家老が駄目だと云えば、駄目だと答え、黙々として阿《おもね》り、諾々として諂《へつら》うのである。甚だしい者に至っては、禄位を貪り、賄賂を求め、民の苦労して得た収益を浚《さら》って自己の利益とし、国の興亡や民の安危ということは、漠然として考えるところがない。詩経に「赤くして狐に非ざるは莫く、黒くして烏に非ざるは莫し。」とある。ああ、廃国の士風は、滔々として皆これである。若しこのような者に大業を任せ、仁政に関与せしめたならば、いたずらに汚職の機会を与えるだけである。例えたまたま忠直の士があって一度は憤激して、身を忘れて国に報ずる行いをしても、志を得て道が行われるようになると、一身一家の得失を考える心が生まれ、高位高禄を狙い、唯々諾々として阿り追従し、遂には重税を搾取し、民を損ない国を滅ぼすようになる。こうなっては凡俗の者と全く異なるところはないのである。凡俗の者は元からそうであり、また忠直の者もこの通りであり、ともに成功を全うできないのは何故であるか。それは、国を興すというのは、元々聖人君子の道であって、凡俗の者の関与すべきことではないからである。民を安んずることは、元々天子・将軍・諸侯・家老の業であって、小臣・足軽の任とすべきことではないからである。その関与すべきでないことに関与し、その任ずべきでないことに任じられたことが、大業を全うすることができない理由である。それでは大業は遂に成功することはできないのであろうか。

そもそも国は、功臣の忠義によって興り、世襲の臣の無為徒食によって廃れる。今その衰廃を復興しようとして無為徒食の者と同じ行動をしているということであれば、これは丁度転覆した家屋の上に坐りながら、その家を引き起こそうとしているのと同じことである。無為徒食は屋上にいる者である。家屋を下りなければその家を引き起こすことはできない。それと同様に無為徒食を止めなければ衰廃を復興することはできない。それ故に大業に任ずる者は、必ず先ず禄位を辞退し、無欲な生活を送り、節操を励まして、恩賞があっても辞退するのである。そうして日夜勉励して千辛万苦を尽くすのは、ただ世々浴してきた君恩に報いることだけであって、どうして後日の恩賞を求める気持ちがあろうか。しかしながら、衣食がなければどうしてその任務を遂行していけようか。そこで家老が辞退した禄米で荒地を開墾し、その産米を与えて俸禄に代え、職務担当の手当てとするのである。思うに全国の荒地は数十年を経なければ開墾し尽くすことはできるものではない。数十年間開墾しなければ荒地原野のままである。であれば、その開墾した土地からの産米も原野の雑草と同様のものである。代々の俸禄を辞退し、官職を避けて原野の雑草を食べるとすれば、これは家臣であって家臣ではなく、武士であって武士ではない。その身は一国の分外にあって興国の大業に任じ、国君の仁政を補佐するのである。これこそ家屋から下りてそれを引き起こし、無為徒食を去って国家の衰廃を復興するものである。このようであれば、どのような大業も成就しないことはなく、その成功を全うできないはずはない。真にこのようにして而も進言が聞かれず道が行われないということであるならば、断然その任務を辞退すればよい。その任さえ辞退すれば、当然もとの俸禄に復帰するわけである。そうであるならば、進んで任に就けば勤苦であり、辞退すれば安逸である。進んでその任に就けば苦しいとすれば、苦を避けて楽に就こうとするのは人情である。何を苦しんで黙々と媚び諂って勤苦を取ることがあろうか。退いて安逸であるならば、人情としてどうして苦しんで安逸を避け、耳の痛い正論を直言せずにおくことがあろうか。このような形であれば、凡俗の者が間違って大業に任じられても成功を全うすることができる。ましてや忠直の臣に至ってはいうまでもないことである。

〈語義〉

○聖賢の道……聖人や賢人の為すこと。 ○人君の職……君主の職責。 ○身を委ね力を盡し……身をささげ、力を尽くす。 ○創業の大夫……業を始めようとする家老。 ○胥吏《しょり》田畯……下役や農業を奨励する役人。 ○叔世の人心……末世の人の心。 ○功名利禄……功を立て名を挙げ扶持を得ることを利益と考えること。 ○上に事《つか》へば……位の上の者に対しては。 ○阿諛《あゆ》苟合《きょくごう》……おもねり、こびへつらい、調子を合わせること。 ○下に臨めば……身分の下の者に対しては。 ○残忍酷薄……するに忍びない無慈悲な行いを平気でし、酷く薄情であること。 ○黙々以て阿《おもね》り、諾々以て諛《へつら》ふ……黙って媚び、いわれる通りに気にいられるようにふるまうこと。 ○禄位を貪《むさぼ》り賄賂を釣り……俸禄や位を欲張り、不正な贈り物を求めること。 ○民の膏血《こうけつ》を浚《さら》つて己の一身を利し……民が努力して得た利益を集め取り、自己の利益とすること。 ○国の興亡……国が興隆するか滅亡するか。 ○民の安危……民が安らかになるか滅びるか。 ○漠然……ぼっとしてはっきりしないさま。 ○詩……『詩経』 ○赤くして狐に非ざるは莫く、黒くして烏に非ざるは莫しと……狐も烏も不祥の動物であり、国家が乱れるときは見るものすべてが良からぬものばかりであるという意。『詩経』北風篇に見える。　○滔々として……水が盛んに流れるように。　○鷽竊《かくせつ》を資くる……つかみ盗むことを援助すること。　○忠直の臣……忠義で正直な臣下。　○縦ひ偶々忠直の臣有り、～庸人と以て異なる無し。……吉田松陰は、幽室にあって「凡そ士たる者何程困窮すると云とも、遂に士の覚悟は失はず、又顕達すると云とも、富貴に淫して平生の志を亡失することなく、治を致し民を澤し民の素望に協ふ也。余当今を歴観するに、達して道を離れざる者少なし。貧賤の際少壮の日、書を挟み経を講ずる時の議論と、廟堂に登り政事に従ふの功業と、大抵は相当らず。」と『講孟劄記』（尽心上篇第九章）に述べ、また藤田東湖も『代笠亭記』に「其れ必ず大厦高堂の間に居りて、恒に櫛風沐雨の労を存し、草茅白屋の下に屈して、愛君憂国の念を忘れず、然る後始めて与に道義を語る可し。」と説いている。　○憤激……激しくいきどおること。　○身家得失の念……一身一家の損得を考える欲心。○高位重禄を覬《うかが》ひ……高い位や多い俸祿を望む。　○諂諛《てんゆ》面従……おもねりへつらい、人の目の前だけ服従すること。　○唯々諾々……事の是非にかかわらず他の意見に盲従すること。　○附益聚斂……程度を越えて増し加え、過重の税を取ること。　○民を残《そこな》ひ国を滅ぼす……民を害して、国を滅ぼすこと。　○庸人……やとわれた人。　○小臣僕隷……身分の低い臣下や下男。　○功臣の忠義に興り、世臣の素餐《そさん》に廃る……功労のある家来がまごころを尽くすことにより興隆し、世襲の臣が職を努めないで徒に官禄を食むことによって廃れる。　素餐とは何ら為す所なくして空しく食すること、『孟子』尽心上第三十二章に「不素餐兮」とある。吉田松陰はこの一句を説いて「此四字は切実の語也。徒喰せぬと云こと也。貴賤智愚となく、三度の食事をせぬ者はなし。功なくして徒喰せば、空しく天地有用の物を糜すと云ふべし。宜しく一日三省して、三食の徒らにならぬ如く心掛くべし。」（『講孟箚記』）と述べている。　○尸位《しい》素餐……官職に在るだけで職責を尽くさず功なくして空しく俸禄を食むこと。　○覆屋上に坐して、其の家を興さんと欲す……転覆した家屋の上に坐りながら、その家屋を引き起こそうと思うこと。　○澹泊《たんぱく》を甘んじ……欲のない生活に満足すること。　○節操を厲《はげ》まし……みさおを強くすること。　○賞有りと雖も之を辞し……恩賞があっても辞退する。　○夙夜黽勉《しゅくやべんびん》……朝早くから夜遅くまで務め励むこと。　○千酸萬辛を盡す……大変な苦労を尽くすこと。　○惟々世々沐する所の君恩に報ずるのみ……ただ昔から浴してきた君の御恩に報いるだけである。この点について吉田松陰は『講孟箚記』告子上篇第四章に於いて「凡そ、人臣たる者、未生の前より君恩に生長し、一衣一食より、一田一廬《りょ》より、君恩に非るはなし。況や其の重禄高位を世々するをや。身体髪膚父母の賜ふ所と云とも、父母祖考より皆君恩に生長する所なれば、頂《いただき》より踵《くびす》に至る迄、皆君の物に非るはなし。瞑目して此の身根本の来由を思へば、感激の心悠然として興り、報効の心勃乎として生ず。一身を水火に投じ、鋒鏑に嬰《かか》りなば、吾責を塞ぐべきか、直諌極論面折廷争せば、吾罪を免るべきかと、誠心坐《そぞ》ろに已むこと能はず。（中略）是吾皇国人固有の忠義にて、古より忠臣義士の心是に過ぎず。」と説いている。　○禄粟……俸禄の米。　○荒蕪を墾し……荒地を開墾し。
○世禄に易へ、任職の資と為す……世々の俸禄を開墾地の収穫に変更し、職務担当の手当てとする。

○墾盡する……開墾し尽くす。　○原野の生草……野原に生えている雑草。　○進みて勤苦、退きて安逸……国家復興の任務に自ら望んでつけば努めて苦しく、退いたならば安んじて楽しむこととなる。　○黙々阿諛して……黙って媚び諂う。　○諤々敢言《がくがくかんげん》……剛直で権勢に恐れず正しい議論をあえて述べたてること。

第廿四　全　功（下）

国を興し民を安んずるは大業なり。豈に名利の徒の企て及ぶ所ならんや。苟も斯に従事する者、禄位名利の念を絶ち、僅かに饑寒を免るるを以て自俸の度と為す者に非ざるよりんば、則ち其の功を全ふする能はざるなり。苟も禄位名利の念を絶たざるや、其の始め忠実を表して、遂に一身の栄利を求め、以て其の業を敗る者、滔々《とうとう》皆是れなり。故に大業に従事し、其の成功を全ふせんと欲する者、宜しく禄位を辞して身に奉ずるに綿衣飯汁を以て度と為すべきなり。夫れ綿衣飯汁は、吾が身を助くものなり。其の余は則ち戈《ほこ》を倒《さかさ》にして我を責むるのみ。蓋し綿の草たるや、人力を仮らざれば、則ち生ずる能はず。人も亦た綿に非ざれば則ち寒を禦《ふせ》ぐ能はず。綿は人に因《よ》りて生じ、人綿に因りて活《い》く。実に両全と謂ふ可し。飯汁の身命を養ふや、汁は飯を導く。亦た以て偏廃す可からず。是れ我が自俸の度と為す所以なり。人苟も食を得ざれば則ち飢ゆ。衣を得ざれば則ち寒《こご》ゆ。飢寒迫れば則ち身命を害す。嗟呼《ああ》、衣食は身命の係る所、一日も離る可からず。然りと雖も、中を得れば則ち身を保ち功を全ふし、過ぐれば則ち身を害し業を敗る。是れ我が飢寒を免るるを度と為す所以なり。人苟も飢寒を免るれば則ち足る。何ぞ錦衣玉食吾が身を害するものを用ひるを為さんや。然り而して名利の徒、その志を得るに及べば、則ち禄位を以て我を利し、賄賂を以て飽暖を逞《たくま》しうす。道の行はるるに当たるや、害無き者の若《ごと》しと雖も風波一度起これば則ち興国の成績、漠然聞こゆる無く、而して其の賄賂飽暖、人の弾ずる所と為る。譬へば蝸涎《かせん》の壁に跡するが如し。是に於てか向《さき》の我が利する所のもの、俄然戈を倒にし、直ちに罰を加ふるの具と為る。我を責むるに非ずして何ぞ。是の故に大業を成さんと欲する者、綿衣飯汁を以て身を奉じ、賄賂を禁じ請託を絶ち、禄位を辞し、以て高く度外に出で、独り世々浴する所の君恩に奉ずるを以て念と為し、俛焉《べんえん》以て力を盡さば、則ち縦令《たとひ》微力なるも、其の験必ず著《あらわ》れ、遂に衰邑を興し、廃国を挙げ、其の成功を全ふするに至る。若し夫れ半途にして風波起こり讒人《ざんにん》の黜《しりぞ》くる所と為るも、亦た誣罔《ぶもう》の冤罪《えんざい》を免れ、且つ君をして之を黜くるも亦た功臣を廃するの名を免れしむ。此れを之れ全功の道と謂ふなり。

〈訳文〉

第廿四　全功（下）

国を興し民を安んじることは大業であって、どうして名誉や利益を追求するものの計画し得るところであろうか。いやしくもこれに従事する者は、禄位名誉利益の念を絶ち、僅かに飢えと寒さを免れることを生活の限度とする者でない限り、その功を全うすることはできないのである。禄位名利の念を絶たなければ、初めは忠実に表明しているが、遂には一身の栄利を求め、事業を失敗に終わらせる者は、滔々として皆これである。それ故に大業に従事し、その成功を全うしようとする者は禄位を辞退し、木綿の着物と飯と汁だけを生活の限度とすべきである。木綿の着物と飯や汁は、自分を助けるものであり、その他は戈を倒して自分を責めるだけである。けだし綿の草というのは、人の力を借りなければ生まれることがない。また人も綿がなければ寒さを禦ぐことができない。綿は人によって生じ、人は綿によって活かされる。実に両全というべきである。飯や汁は身命を養うが、汁は飯を喉に通しやすくするものであり、一方を止めることはできない。そこでこれを生活の限度とするのである。人は食物が無ければ飢え、衣が無ければ寒える。飢寒が迫れば身命を害する。ああ、衣食は身命に係わるもので一日も離れることができない。しかしながら、それが中庸をえれば身を保ち功を全うすることができ、過ぎれば身を害し事業を敗る。これが飢寒を免れることを生活の度とする理由である。

人は飢寒を免れさえすれば足りる。どうして自分を害するような贅沢な衣食を用いる必要があろうか。しかも名利の徒は、志を得ることになると、禄位を利用し、賄賂を取って飽食暖衣を逞しくする。道が行われている間は、害もないようにみえるが、一旦風波が起これば、それまでの興国の努力は全く聞こえずに、賄賂飽暖だけが人の指弾するところとなるのである。それは譬えば蝸牛が壁に跡をつけてきたようなものである。ここに於て、前には自分の利益となってきたものが、俄然、戈を逆にして直ちに罰を加える道具となるのである。我を責めるものでなくて何であろうか。此の故に大業を成そうと思う者は、綿衣飯汁の生活をし、賄賂を禁じ請託を絶って、禄位を辞退し、高く度外に出て、ひたすら代々浴してきた君恩に報ずることを念とし、倦まずたゆまずに力を尽くせば、たとえ微力であっても、その効果は必ず表れ、遂には衰邑を立て直し廃国を復興し、その成功を全うするに至るのである。もし途中で風波が起こり、讒言者によって退けられることになっても、無実の罪を免れ、またこれを退けた国君に対しても、功臣を追い出したという汚名を与えずにすむのである。これが全功の途というものである。

〈語義〉

○名利の徒……名誉や利益を得ようとする輩。　○禄位名利の念を絶ち……俸禄や位、また名誉や利益を得ようとする思いを断ち切ること。　○饑寒を免るる……飢えや寒さをまぬかれること。　○自倖の度……自らの生活の限度。　○栄利を求め……栄誉や利益を求めること。　○滔々……水が盛んに流れるさま。　○綿衣飯汁を以て度と為すべきなり……木綿の着物と飯と汁を自分の生活の限度とすべきである。　○綿衣飯汁は、吾が身を助くものなり……尊徳の道歌に「飯と汁　もめん着物は身を助く　その余はわれを　せむるのみなり」とある。　○戈を倒にして我を責むる……自分の身を保護すべき矛が反対に自己を攻撃する道具となること。　○綿の草……木綿。木綿の種子は種毛がついているが、そのままでは発芽しにくいために、人力でそれを取る必要がある。　○錦衣玉食……美しい着物を着、美味しい食事をすること。即ち贅沢をすること。　○賄賂……不正な贈り物。　○飽暖……飽食暖衣。　○逞しうす……がっしりすること。　○漠然……ぼっとしてはっきりしないこと。　○人の弾ずる所……人が批判し、糾弾するようになること。　○蝸涎《かえん》の壁に跡するが如し……蝸牛の粘液が壁に跡をつけるようなこと。　○請託……権力ある人に頼み入ること。　○世々浴する所……昔から浴してきた君恩。　○君恩に奉ずる……歴代藩主の御恩に報いること。　○念と為し……考えとして。　○俛焉《べんえん》……つとめ勤しむこと。　○験……ききめ、効果。　○讒人《ざんにん》の黜《しりぞ》くる所……事実をまげ、偽って他人をあしざまにいいなす人によって官職を追われること。　○誣罔《ぶもう》の冤罪……偽りによる無実の罪。　○全功の道……欠点のない手柄、功績。

第廿五　報　徳

我が道は徳に報ゆるに在り。何をか徳に報ゆと謂ふ。三才の徳に報ゆるなり。何をか三才の徳に報ゆと謂ふ。日月運行し、四時循環し、萬物を生滅して息《や》む無きもの、天の徳なり。草木百穀生じ、禽獣魚鼈《ぎょこう》殖《しょく》し、人をして生を養はしむるもの、地の徳なり。神聖人道を設け、王侯天下を治め、大夫士《たいふし》邦家を衛《まも》り、農稼穡《かしょく》を勤め、工宮室を造り、商有無を通じ、以て人生を安んずるもの、人の徳なり。嗚《あ》呼《あ》、三才の徳、亦た大ならずや。夫れ人の世に在るや、三才の徳に頼らざる者莫きなり。故に我が道は其の徳に報ゆるを以て本と為すなり。上は王侯より下庶人に至るまで、各々天分に止まり、節度を立て、倹勤を守り、而して分外の財を譲り、報徳の資と為し、以て荒蕪を墾《ひら》き、以て負債を償ひ、以て貧窮を恤《あわれ》み、以て衰邑を挙げ、以て廃国を興す。其の之を施すや、一家よりして二家に及ぼし、一邑よりして二邑に及ぼし、漸次郡国天下に及ぼし、遂に海外萬国に押し及す。是れ天地人三才の大徳に報ゆる所以なり。曰く、内地を辟《ひら》いて以て外蕃に及ぼす。公道宜しく然るべきなり。然れども外蕃の覬《き》覦《ゆ》すること既に久しく、近世連《しき》りに通市を求む。其の意量《はか》る可からず。苟も之を禁絶せざれば、則ち必ず後患を生ぜん。此れを之憂へずして、将さに我が財を彼に棄てんとす。亦た戻《もと》らざるやと。

曰く我が神州の邦たるや、気候融和にして、生人聡明、土壌衍沃《えんよく》にして、五穀豊登、人民繁庶にして、百貨饒足《じょうそく》、宇内比するもの罕《まれ》なり。故に以て外蕃の覬覦を免れず。譬へば東隣の柿樹《しじゅ》熟し、西隣の豎《じゅ》子《し》之を窺ふが如し。然りと雖も古《いにしえ》より武威桓桓《かんかん》外に震《ふる》ふ。故に輙《すなは》ち来たり侵さず。猶ほ高垣峻墻《こうえんしゅんしょう》臨むべくして踰《こ》ゆ可からざるが如きなり。然らば則ち其の覬覦すること以て憂ふるに足らざるか。曰く。雲雀《ひばり》の虚空に上がるは武を習ふなり。猪に牙有り。鹿に角有るは刀槍なり。鬼挙《さざえ》に介有り、扁螺《あわび》に貝有るは城郭なり。禽獣尚ほ外患を防ぐの備《そな》へを為す。而るを況んや人に於てをや。重門撃柝《ちょうもんげきたく》以て暴客を待ち、弧矢《こし》の利以て天下を威《おど》す。固より其の所なり。然りと雖も鬼挙介を以て爐上に烹られ、扁螺貝と与に鼎中《ていちゅう》に煮らる。彼其の恃《たの》む所のもの、固より恃むに足らざれば、則ち我の高城深池、堅革利兵も、亦た何ぞ以て恃むに足らんや。語に曰く、食を足し、兵を足し、民之を信ずと。食無ければ則ち兵有りと雖も用ゆべからざるなり。今材木有り。役夫に之を挙げしむ。材木重大挙ぐる能はざれば則ち之に餉《しょう》を以てす。役夫餉を食へば則ち材木重大と雖も輙《たちま》ち挙ぐべきなり。一木を挙ぐる尚ほ食を先にす。況んや外寇を禦ぐに於てをや。仮令ひ兵革堅利、武技精練なるも、食無ければ則ち未だ敵を観るに及ばずして斃れんのみ。夫れ国用を制するや、入を量り以て出を為し、三年若しくは六年若しくは九年の蓄を生じ、以て凶旱水溢《きょうかんすいいつ》及び軍旅の不虞《ふぐ》に備ふるもの、王制の法なり。国九年の蓄無きを不足と曰ひ、六年の蓄無きを急と曰ひ、三年の蓄無きを国其の国に非ずと曰ふ。方今列国誰か三年の蓄有る者ぞ。升平日久しく、侈靡《しび》を窮極し、一歳の入を盡して国用足らず。或いは負債を以て之を補ひ、或いは横歛《おうれん》を以て之を補ふ。負債は利息の為に租額を減じ、横歛は流亡の為に租額を減ず。故に不足弥々《いよいよ》生じ、或いは明年の租を収め、甚だしきは則ち三年の後を取り、以て国用を為すに至る。国其の国に非ずと為すか。侯其の侯に非ずと為すか。饑饉一たび至って、餓莩《がひょう》路に盈《み》つ。若しくは二年若しくは三年凶旱水溢有らば則ち国墟莽《きょもう》と為るを恐るるなり。噫《ああ》、何を以て軍旅を出さんや。夫れ負債荒蕪は租額を減じ国家を滅ぼす所以の賊なり。是の賊日に炊く所の鼎裏《ていり》に埋伏して、之を攘斥《じょうせき》するを知らず。又た何を以て外寇を禦がん。若し夫れ官命止むを得ず、益々横歛を以て軍を出さば、則ち民心の背くを恐るるなり。曽て聞く蕃舶我が漂民を護送し、浦港に来る。我が吏国法を示し肯《あえ》て受けず。蕃舶将《ま》さに去らんとするや、流民を小舸《しょうか》に乗せ、其の岸に達するを見て乃ち去れりと。其の意蓋し法を奉じ以て崎港に赴くべしと雖も、然れども漂民絶海萬里を渉《わた》り、偶々《たまたま》郷国を望みて陸に上るを得ず、其の悲泣の情見るに忍びざるなり。吏法を守るは固よりなり。已む無くんば則ち当さに路を引きいて崎港に至るべきなり。夫れ民情は仁に帰す。萬里を渉りて送り来るは仁に似たり。仮令《たと》ひ法を奉ずも之を拒むは不仁に似たり。匹夫《ひっぷ》匹婦《ひっぷ》有り。琴瑟《きんしつ》和合《わごう》、愛敬《あいけい》交《こもご》も至る。夫や役に于《ゆ》いて数年帰らず。而して婦日に羞膳《しゅうぜん》を供し以て其の帰るを待つ。貞婦凜然《りんぜん》たらば、則ち外人此の婦を窺ふ者無く、籬外《りがい》必ず其の履迹《りせき》を見る無きなり。若し夫れ夫、婦を愛せず、婦も亦た夫の他に在るを怨望せば、則ち外人必ず之を窺ひ、連《しき》りに履迹を籬外に遺すものなり。夫は君の如く婦は民に似たり。君民を愛すること赤子の如く、民君を慕ふこと父母の如くんば、則ち外蕃必ず窺伺《きし》せず、辺海其の風《ふう》帆《はん》を見るべからざるなり。今蕃舶《ばんはく》連りに来る。安んぞ我の虚を偵知するならざるを知らん。夫れ人身内虚すれば則ち外邪必ず冒す。内虚を憂へずして之に投ずるに撃齊《げきさい》を以てせば則ち内弥々虚す。内弥々虚すれば則ち外邪至らざる莫し。庸医内虚を察せず、漫《みだ》りに外邪を撃たんと欲す。豈に危殆《きたい》ならずや。然らば則ち何を以て其の虚を補はん。他無し。民を仁するに在るのみ。国君仁を好めば、天下に敵無し。吾曽て故主の命を奉じ、野の廃邑を脩《おさ》む。故主曰く、聞く、野の州為《た》るや、土瘠薄《せきはく》にして風俗乱れ、民農を去りて以て飲博を業とし、中刀を佩《お》び以て格闘を事とし、彼を撃ち此れを斃して、人之を怪しまざるなりと。汝、何を以て之を収めんやと。対へて曰く、衰廃の国、武用ふべからず、威行ふべからず。臣農間に長じ、未だ嘗て武技を知らず、唯だ紫茄《なす》をして実を結び、莱菔《だいこん》をして肥大ならしむるを知るのみ。糞培すれば則ち紫茄実多く、莱菔肥大なり。土地を墾し、米粟を生じ、以て之を鶏犬に食せば、則ち吠《はい》走《そう》我が意に応ず。草木禽獣尚ほ是くの如し。此の理を以て人倫に及ぼす。何の治め難きことや之有らん。仁沢に浴し、饑寒を免れ、妻子を蓄へ、安然改歳を為す。故に白刃を以て之に報ゆと云ふ、是れ常情の絶えて無き所、君患ふる無かれと。既にして仁術を施すこと十有余年、遊惰変じて精励と為り、汙《お》俗《ぞく》化して篤行と為り、荒蕪墾して田畝と為り、戸足り人給し、一人を罰せず、一人を刑せず、囹圄《れいご》腐朽《ふきゅう》して又た脩《おさ》めず。歳入の分度を立て、以て度外の財を生じ、弥々恵んで弥々盡きず。四隣の侯伯法を請ふ者、連々絶えず。僅々たる三邑度外の財を挙げて以て之を譲施し、其の衰を挙げ其の廃を興すもの尠《すく》なからざるなり。三邑は神州の如く、隣国は外蕃に似たり。所謂る仁者に敵無き者是くの如し。蓋し仁不仁の応を見るは猫に如《し》くは無し。之を撫する順なれば則ち喉を鳴らし睡を為す。之を撫する逆なれば則ち忿然爪を露す。三邑を順撫すれば三邑治まり、隣国を順撫すれば則ち隣国治まる。順撫して敵する者、未だ之有らざるなり。仮令ひ食足り兵足るも、元元《おおみたから》をして肝脳地に塗《まみ》れしむるは、君子の好まざる所なり。曰く、民を仁する所以の道如何《いかん》。曰く、一歳の入を計り、四分の三を以て国用を制するは王制の法なり。此の法立ちて則ち国衰廃の患無し。此の法廃して分度を失ひ、侈靡《しび》行はれて国衰廃に陥る。故に衰を挙げ廃を興すは、分を立て度を守るに在るなり。夫れ道は、上躬《みず》から行ふに非ざるよりは則ち下従はず。故に幕府宜しく十歳の入を校量し、以て分度を立て、分度によりて以て国用を制し、分内の十の一を譲り、以て侯伯の衰を興すべきなり。衰廃は奥羽より甚だしきは無し。先ず奥羽の侯伯をして衰廃甚だしき者を投票せしむ。而して其の邦邑を挙げ、十歳の入を平均し、其の中を執りて以て衰時の天分と為し、其の分内に於て負債利息の為に出す所の数を除き、以て国用を制し、朝覲《ちょうきん》を免じ、唯だ衰時の天分を守り、食を足し兵を足すを以て朝覲に易《かは》るの職と為す。乃ち幕府譲る所の財を発し、興国安民の路を施し、其の負債を償《つぐな》ひ、其の荒蕪を墾《たがや》し、其の衰邑を興し、其の困民を安んず。全国旧に復するに及び、度外の粟、当初発する所の数を償ふに及び、然る後古今盛衰平均中庸の分度を堅立し、以て侈靡の本を塞《ふさ》ぎ、四分の制度を確立し、以て持盈《じえい》の道を立て、乃ち其の国を与ふべきなり。侯伯の藩士を率ゐるも亦た然り。衰時の分度に随ひ、以て禄奉を制し、仕官を免じ、農兵に帰し、筋骨を労し、武技を練り、兵器を修め、家道を復するを以て、以て官職に易ふべきなり。則ち是《か》くの如く一国よりして二国に及ぼし、循環止まざれば、則ち数十年の後、七道悉く古の治強に復し、倉に九年の蓄へ有り、百姓洽《あまね》く仁澤に沿《よく》し、養生喪死憾《うら》み無く、君を戴くこと父母の如く、一国和睦一家の如く然り。猶ほ人身内充実して外邪冒すを得ざるが如く、外患当《ま》さに銷《とか》すべきなり。仮令ひ蕃舶偶々之を窺ふも、君民和睦し、国家平治するを見れば、当さに艫《ろ》を回らして去るべきなり。曰く、外蕃通市を求むる甚だ逼《せま》る。許さざれば則ち将さに兵を用ひんとす。将《はたま》た之を許さんか。一度祖宗の法度を変じ、互市の端を開かば、則ち諸蕃綿々として来たり乞ふべし。我が疆《かぎ》り有るの財を以て、彼の限り無きの求めに応ず、何を以て之を能くせんやと。曰く、此れ世人の疑ふ所、唯だ目然の乱を怖れて、敝政《へいせい》を革《あらた》めず、苟且《じゅんか》つ因循、長計無くんば則ち不可なり。澆季《ぎょうき》の時勢に応じ、長計を慮《はか》り永安を期し以て之を許さば、則ち何の不可か之有らん。今此に三邑有り、上邑は山下に僻在《へきざい》し、田畝少なく、江海無し。故に炭薪《すみまき》余り有りて、米粟足らず、魚塩乏し。中邑は平田多く、山海無し。故に米粟余り有りて、炭薪魚塩は乏し。下邑は海際に在り。田畝少なく、山林無し。故に魚塩余り有りて、米粟足らず、炭薪乏し。是れ天地自然の命分なり。故に有無を易へ、有余不足を通ずれば、則ち三邑倶に安し。然らざれば則ち僅々たる小邑、尚ほ安息するを得ず。而るを況んや国天下に於てをや。然らば則ち交易は固より当然の道なり。外蕃海外に在りと雖も、而も之を通視すれば、則ち何ぞ隣邑と異ならん。蓋し神州は天地の中和に位し、膏土沃壤《こうどよくじょう》、五穀豊登。外蕃或いは絶域に僻在し、多くは是れ窮髪不毛。故に我が嘉穀《かこく》を慕《した》ふ。猶ほ苦寒の流氓《りゅうぼう》朝陽を拝し煖を取る如きなり。饒使《じょうし》進止倨傲《きょごう》、乞言不遜《きつげんふそん》なるも、亦た憐れむべし。朝陽の照らす所、流氓を避けずんば、則ち天日の嗣、皇化宜しく四夷を覆《おお》ふべきなり。天理を極むれば、則ち有無を易へ、有余不足を通ずべきの理有り。天徳に法《のっと》れば、則ち四夷を撫すべきの義有り。理義を以て之を許さば、又た何の不可か之有らん。彼萬里の鯨波《げいは》を渉り、利を我に求め、志を得ざれば則ち将さに殊死して戦はんとす。亦た陋《ろう》ならずや。我が道若し行はるるを得ば、則ち神州土外の廃地を墾し、無盡の粟を産し年に之を巨艦に積み、以て諸を窮髪の地に施さば、則ち痛快言ふべからざるなり。何をか土外の廃地を墾し、無盡の粟を産すと謂ふ。幕府は公邑八百萬石、租入十年の通を以て、国用の額と為し、其の余は荒蕪は論ずる無く、原埜《げんや》廃河《はいが》湖沼沙洲《こしょうさす》に至るまで、地の利に就き、以て之を墾辟《こんへき》し、其の産粟を集め、以て度外の財と為す。是れ国初以来の廃蕪にして、変じて以て産する所、盡く公邑の度外に帰す。然らば則ち永く撫蕃《ぶばん》の資と為すも亦た何か有らん。但し其の之を施すや道有り。天地開けて萬国と為る。小大同じからざる有りと雖も、而も各々不易の命分有りて存す。其の命に率《したが》ひ、其の分を守り、分内を倹して以て海内を撫し、分外を譲りて海外に及ぼす所以の理、宜しく曲折反復告諭すべし。然らざれば則ち彼の求め窮まり無くして、諸蕃の非望塞ぐ可からず。故に始施の時に方り、明確に厳諭し、其の膽《きも》を奪つて後、焉《こ》れを与ふべし。数蕃宜しく之を頒《わか》つべく、頒つべきの数無きに至れば、則ち宜しく歳を逐ひて更互に之を与ふべきなり。此《かく》の如くんば則ち外蕃覬覦の念銷じ、報恩の心興り、天朝に賓服する、猶ほ東隣柿を施して西隣徳に報ひ、一家輯穆《しゅうぼく》以て永安を得るが如きなり。抑も幕府分内を譲って以て澤を海内に施し、分外を譲って以て海外に恩を推す。実に天下の長計にして、仁政焉《こ》れより大なるは莫し。嗚呼、侯伯窮を免れ、守備脩《おさ》まり、兵気振るひ、倉廩満ち、仁澤海内に洽《あまね》く、施して海外に及ばば、則ち赫々《かくかく》たる神州、萬国と峙し、終古富嶽の安きを得べし。是れ報徳の及ぶ所、我が道の終はりなり。

〈訳文〉

第廿五　報徳

我が道は徳に報いるにある。徳に報いるとは何か、天地人三才の徳に報いるのである。三才の徳に報いるとはどういうことか、太陽や月が運行し、四季が循環し、万物を生滅して休息することがないのは天の徳である。草木百穀が生じ、禽獣魚類が繁殖し、人がその生命を養うことができるのは地の徳である。神聖が人としての道を明らかにし、王侯が天下を治め、家老武士が国家を護り農民が農業に勤め、工人が大小の建物を造り、商人が有無を通じて人の生活を安らかにしているのが人の徳である。ああ、三才の徳というのは何と大きいものではないか。人が世にある限りは、三才の徳に頼らないものはない。それ故に我が道は、その徳に報いることを根本とするのである。上は王侯から下は一般庶民に至るまで、それぞれその天分に止まり、節度を立て、勤倹を護り、分外の財を譲って報徳の資財とし、これによって荒地を開墾して負債を償還し、貧窮者を救済し、衰邑を立て直し、衰廃した国を復興するのである。その実施には、一家から二家に及ぼし、一邑から二邑に及ぼし、漸次一郡・一国・天下に及ぼし、遂には海外万国に及ぼすのである。これが天地人三才の大徳に報いる理由である。

ある人がいった。「内地を墾いて諸外国に及ぼすということは、大きな筋道からいえば、そうあるべきであろう。しかしながら、諸外国が我が国の隙を窺うことは既に久しく、最近は頻りに通商を求めて来るが、その真意は底の知れないものがある。苟《いやしく》もこれを禁絶しない限り、必ず後に禍いを生ずることになるであろう。このことを憂いとしないで、却って我が国の財を外国へ捨てようとする。これは矛盾ではないのか、」と。このような議論には、次のように答えよう。我が神州の国というのは、気候は温和で人は聡明であり、土地はよく肥えて五穀はよく稔り、人口は多く百貨が満ち足りており、世界に比較するものはない。その為に諸外国から様子を観られるということを免れないのである。譬えば東隣の柿の実が熟したならば、西隣の子供がそれを窺うようなものである。とはいっても、古来武威が盛んで有って海外に震っているから、たやすく来て侵すことがないのである。それは子供が柿を狙っても垣根や土塀が高くて越えて取ることができないのと同様である。それでは諸外国が我が国の隙を狙っていることは心配することはないのであるか。いや、決してそうではない。雲雀が空高く上がるのは武を習うということである。猪に牙があり、鹿に角があるのは刀や槍と同じことである。さざえに殻があり、鰒《あわび》に貝があるのは城郭に譬えられる。このように禽獣ですら外患を防ぐ為の用意をしているのである。ましてや人間が、門を厳重にし、拍子木を打って乱暴者を待ち、武器を鋭利にして天下を威圧するのは、固より当然のことである。しかしながら、さざえは殻のままで爐で焼かれ、鰒は貝のままで鍋で煮られる。彼等の頼みとしているものが頼むに足りないとすれば、我等の高城深池、堅革利兵もどうして頼むことができようか。論語に「食を足し、兵を足し、民之を信ず。」とある。食物が無ければ兵があっても用いることができない。ここに材木があって、人夫にこれを持ち上げさせる時、材木が重すぎて持ち上げることができなければ、その人夫に飯を与えるのである。人夫は飯を食べるとその材木が重いといってもたやすく持ち上げることができる。一本の木を持ち上げるのですら食を先にするのである。ましてや外敵の侵入を防ぐに当たっては、譬え如何に優れた武器があり、武芸が精練であっても、食物が無ければ、敵を見ないうちに倒れてしまうことになるのである。

国用を制するには、収入を量って支出をし、三年または六年、或いは九年分の貯蓄を行って、凶作・旱害・水害や不慮の軍事に備えるのが王制の法である。「国九年の蓄無きを不足と曰ひ、六年の蓄無きを急と曰ひ、三年の蓄無きを国其の国に非ず。」という。最近の諸藩に於て三年の蓄えの有るものがどこにあろうか。太平が永く続き、贅沢遊惰を極め、一年の収入を尽くしても国の費用は不足し、或いは負債でこれを補ったり、或いは重税でこれを補う。負債は利息の為に税収を減らし、重税は人民の流亡の為に税収を減らすことになる。そのために益々不足が生じ、或いは翌年分の租税を収めさせ、甚だしいのは三年先の分を取り立てて国用に充てるようになる。国であって国ではないと言おうか。諸侯であって諸侯でないと言おうか。飢饉が一度来れば、餓死者が道路に満ちることになる。二年又は三年凶作や旱害・水害があれば、国は亡び荒野原となってしまう恐れがある。ああ、このようなことでどうして有事の際に軍隊を出すことができようか。負債と荒地は租税を減らし、国家を滅ぼす賊である。この賊は毎日炊く釜の中に埋伏しているのに、これを攘い除くことを知らないようでは、どうして外敵の侵入を防ぐことができようか。もし官命によって止むを得ずに、重税を更に加えて軍隊を出せば、恐らく民心が背くことになるであろう。

嘗て外国船が我が漂流民を護送して浦賀に来たが、幕府の役人は、国法を示して受け取りを拒否した。外国船は去るに臨んで漂流民を小舟に乗せ、それが岸に達するのを見て立ち去ったということを聞いた。彼等の心中は、日本の法に遵って長崎へ行くのが筋ではあるが、漂流民が絶海万里を渡って帰り、たまたま故国を目の前にしながら上陸することができない、その泣き悲しむ心情を見るに忍びずに小舟に乗せたということであろう。役人が法を守るのは当然である。しかし、法規上止むを得なければ、外国船を案内して長崎へ行くべきである。およそ民情というのは、仁に帰すものである。彼等が万里を渡って送ってきたのは仁に似ている。譬え法を守ったとはいえ、受け取りを拒否したのは不仁に近いものである。

ここに一組の夫婦がある。非常に仲が良く、互いに敬愛の情が篤かった。その夫が戦争に出て数年帰ってこない。妻は毎日陰膳を供えて、その帰りを待っている。このように貞節が凜々しければ、余所者がこの妻を窺うということはなく、垣の外に履物の跡を見ることは無い。もし夫が妻を愛さず、妻も夫が不在であるのを恨みとしていれば、余所者がこの妻を伺い、頻りに垣の外にその足跡を残すことになるであろう。夫は君に、妻は民に似ている。君が民を赤子に対するように愛し、民も君を父母に対するように慕うならば、諸外国がその隙を窺うということは無く、近海にその船の帆を見ることも無いはずである。今日外国船が頻りに来るのは、我が国の隙を探知してのことでないと、どうして断言できようか。およそ人体は、内部が衰弱すれば、外部から病気が必ず冒すことになる。身体の衰弱を考えないで劇薬を投与すれば、衰弱はいよいよ増す。衰弱がいよいよ増せば、あらゆる病気が襲ってくる。凡医は身体の衰弱を察しないで、妄りに病原を攻めようとする。なんと危険なことではないか。ではどうしてその衰弱を補うのかといえば、仁で以て民を恵む以外にはありえない。国君が仁を好めば、天下に敵はないのである。

私（二宮尊徳）はかつて故藩主（大久保忠真）の命を奉じて、下野国の廃村を治めた。着手に際して藩主が言われた。「野州という国は、土地が痩せており、風俗は乱れ、住民は農業を捨てて飲酒・賭博を業とし、脇差を帯びて格闘することを事とし、互いに撃ち合って人々もそれを怪しまないと聞いている。そちはどうしてこれを治めようとするのであるか。」と。私は答えて言った。「衰廃した国には武力を用いることも威令を行うこともできません。私は農民の間に成長し、武芸は少しも知りません。ただ茄子を実らせ、大根を太くする方法を知っているだけです。肥料をやれば茄子は実が多くなり、大根は太るものです。土地を墾いて米麦を産み出し、これを鶏や犬に与えれば、走り寄ってきて、我が愛情に答えます。草木や禽獣ですらこの通りであります。この道理を人間に及ぼせば、どうして治め難いということがありましょうか。仁沢に浴し、飢えや寒さを免れ、妻子を養って、安らかに年越しができた。だから白刃でこれに報いるというようなことは、普通の人情としては決して有りえないところであります。殿には御心配されませんように。」と。こうして仁術を施して十余年、遊惰は変じて精励となり、汚俗は化して篤行となり、荒地は開墾して田畑となり、家ごとに、人ごとに満ち足りて、一人も罰すること無く、一人も刑にすること無く、獄舎は腐朽しても修理することは無かった。歳入の分度を立てて、度外の財を生じ、それをいよいよ恵んで、いよいよ尽きず、四隣の諸侯で、私の指導を請う者が引き続いて絶えることがなかった。この僅か三ヶ村の度外の財を譲り施して、その衰廃を復興したものも少なくない。三ヶ村は神国のようなものであり、隣領は外国のようなものである。所謂「仁者に敵無し」とはこのようなことであろう。考えるに仁と不仁の反応を見るには、猫が一番よい。これを毛並みに沿って撫《な》ぜれば喉を鳴らして眠るのである。反対に毛を逆撫ぜすれば怒って爪を立てる。三ヶ村を順撫すれば三ヶ村は治まり、隣国を順撫すれば隣国は治まる。順撫して敵対する者は有りえない。たとえ食が足り、兵が足りているとしても、民衆を戦いで酷《みにく》い死に方をさせるということは君子の好まないところである。

では、民を仁する方法はどのようなものであるか。一年の収入を計算し、国用をその四分の三に制限するのは王制の法である。この法が立って国に衰廃の憂いは無くなるのである。この法が廃れて分度を失い、贅沢遊楽が行われて、国は衰廃に陥る。それ故に衰廃を復興するには、分を立てて度を守るにあるのである。およそ道というのは、上が自ら行うのでなければ、下は従わない。それ故に幕府が先ず十年間の収入を校量し、分度を立て、分度によって国用を規制し、分内の十分の一を譲って諸侯の衰廃を復興すべきである。衰廃は奥羽地方が最も甚だしい。そこで先ず奥羽地方の諸侯の中から、最も衰廃している者を選ばせ、その領村を復興することとし、十年の収入を平均し、その中を採用して衰廃している時の天分として、その分内で、負債の利息として出す金額を除いて、国用を規制し、参勤を免除し、ただ衰時の天分を守り、食を足し兵を足すことで参勤に代わる職責と心得させる。その上で幕府が譲った十分の一の財を放出して、興国安民の道を施し、その負債を償い、荒地を開墾し、衰邑を立て直し、困窮民を安んじ、その国全体が復旧し、分度外の米穀が、幕府の譲った資財を償うに及んで、古今盛衰の中庸の分度を堅立して奢侈遊楽の本を塞ぎ、四分の制度を確立して永安の道を立て、始めてその国の管理を解くのである。諸侯が藩士を率いるにもまた同様にする。衰時の分度に従って俸禄を制限し、仕官を免除して農兵の姿に帰し、筋骨を労して武技を練り、武具を調え、家政を建て直すことで官職に代えさせるべきである。このようにして一国から二国に及ぼし、循環して止むことがなければ、数十年の後には、全国総てが昔の治強に復し、倉には九年の蓄えが有り、民衆は総て仁沢に浴し、生を養い、死を弔って遺憾なく、国君を父母のように慕い、一国は一家のように睦み和らぐこととなる。このようになれば、丁度人体の内部が充実して外から病原が冒すことができないように、外憂は消えてしまうものである。譬え外国船がたまたま隙を窺うようなことがあったとしても、君民が和睦し、国家が太平であるのを見れば、舳先を廻らして帰るに違いない。

ある人が言う。「外国が通商を求めて頻りに迫り、許さなければ兵力を用いようとしている。かといって、これを許そうか。一度祖法を変え、交易の端緒を開いたならば、諸外国が続々と来て要求するであろう。我が国の限りある財を以て、彼等の限り無い要求に応じることがどうしてできようか。」と。これは世間一般の人々が疑っていることであるが、ただ目前の混乱を怖れて弊政を改めず、一時逃れで愚図ついた考え方で長計がなければできないことである。現今の時世に応じ、長計をはかり、永安の見通しを立てて許すならば、どうしてこれを不可とすることがあろうか。今ここに三ヶ村がある。上邑は山の麓に僻在し、田畑は少なく、海がない。そこで炭や薪は余りが有るが、米や麦は不足し、魚や塩に乏しい。中邑は平地で田が多く、山や海はない。そこで米や麦は余裕が有るが炭・薪・魚塩は乏しい。下邑は海際にあって、田畑が少なく、山林がない。そこで魚塩は余りあるが、米や麦は足りず、炭薪に乏しい。これらは天地自然の命分である。それ故に有無を交易し、有余を融通すれば三村ともに安らかに生活できる。そうでなければ、このような小さな村であっても、なお安楽に暮らすことができない。ましてや国や天下においては尚更である。してみれば、交易するのは固より当然の道である。諸外国は海外にあるとはいっても、大きな目でみれば、隣邑と何も異なるところはない。考えてみるに神州は天地のよく調和したところに位置しており、土地はよく沃え、五穀はよく稔る。外国は絶域に偏って位置しており、その多くは草木もよく育たない土地である。それ故に我がよい穀物を慕うのである。使節は食物を請いに来たにすれば、その態度は大きく、不遜ではあるが、これまた憐れむべきものである。朝日は流民だからといってこれを避けずに、あまねく照らすのであるから、天照大神の子孫である、天皇の治められる我が国は、皇化を四方の諸民族に覆っていくべきである。天理を極めるならば、有無を交換し、有余と不足を融通すべき理があり、天徳に法《のっと》れば諸民族を恵み安んずるべき義がある。この理と義によって交易を許すならば、またどうして不可とすることがあろうか。彼等は万里の大波を渡って、我が国に利を求め、志を得なければ死にもの狂いで戦おうとしている。何と卑しいことではないか。

我が道がもし行われ得たならば、神州の度外の荒地を開墾し、無尽の米穀を産出し、年々これを巨艦に積んで、これを不毛の地に施すならば、痛快なこと言葉で言い表すことができない程であろう。その度外の荒地を開墾して無尽の米穀を産出するとはどういうことか。幕府の公領は八百万石、その十年間の租税を通計して、国用の額とし、その他は荒地は固より、原野・廃河敷・湖沼・沙洲に至るまで、地の利に従って開墾し尽くして、その産米を集めて度外の財とする。これは国初以来の廃蕪が変じて産出したものであって、総て公領の度外のものである。であるから、永く諸外国を救済する資財としても何の差し支えがあろうか。

但し、これを施すには道がある。天地が開闢して万国となった。大小同じではないといっても、それぞれに易ることのできない天分というものがある。我が国としては、その命に従って、その分を守り、分内を節倹して海内を恵み安んじ、分外を譲って海外に及ぼすのであるという道理を、曲折反復して教え諭すべきである。そうでなければ、彼等の求めには窮まりがなく、諸外国の無理な望みを防ぐことはできない。それ故に、最初に施す時に当たって、明確に且つ厳重に諭し、彼等の胆を奪ってから与えるべきである。数ヶ国ならば、これを分け与えるべきであり、分け与えるだけの数量が無くなれば、年を追って交互に与えるべきである。このようにするならば諸外国が隙を窺うような気持ちは消え去り、報恩の心が起こり、天朝に服従するようになる。それは東隣が柿を施して、西隣がその徳に報い、二家が睦まじく和楽し、永安を得るようなものである。そもそも幕府が分内を譲って恩沢を海内に施し、分外を譲って海外に恩沢を推し広めることは、実に天下の長計であって、仁政としてこれより大きなものはない。ああ、諸侯が窮乏を免れ、守備が備わり、士気が振るい、倉庫には米穀が満ち、仁沢は海内にあまねく広がり、施して海外に推し進めるならば、光輝ある神州は万国と共存し、永遠に富嶽の安きに置くことができよう。これこそ報徳の及ぶところ、我が道の終わりである。

〈語義〉

○徳に報ゆる……徳とは天地人三才の徳であり、恩である。徳が恩であることを翁は「徳の異名を恩と謂ふ、恩の根本は徳なり」と述べている。その天地人の徳（恩）に答えていく（報いる）ことが人間の生き方である。詳しくは、解説三「『報徳外記』の概略」参照。○三才の徳……天・地・人の三つの働きの徳。○日月運行……太陽や月が公転すること。○四時循環……四季が廻り巡ってもとにもどること。○天の徳……太陽・宇宙自然の持っている徳（能力、働き）。○草木百穀生じ……草木や種々の穀物が生長すること。○禽獣魚鼈殖《ぎょこうしょく》し……鳥や獣、また魚類が生殖すること。○地の徳……土地の持っている徳。○神聖……清らかで少しも穢れがなく、霊妙で尊い権威、ここでは天照大神を指すのであろう。○人道……人間が踏み行うべき道。○大夫士邦家を衛《まも》り……家老以下の武士が国家（藩）を維持すること。○農稼穡《かしょく》を勤め……農民が穀物の植え付けと採り入れをすること。○工宮室を造り……職人が宮殿や家を造ること。○商有無を通じ……商人が商取引をすること。○人の徳……人間の持っている徳。○分外の財を譲り……天より与えられた財以外のものを他に譲ること。推譲。○報徳の資……報徳金の資財。○漸次……だんだん。○大徳……大きな徳、御恩。○内地を辟《ひら》いて以て外蕃に及ぼす……国内の土地を開墾し、やがて外国をも復興せしめること。○公道……正しい方法。○外蕃の覬覦《きゆ》すること……外国が我が国をうかがいねらうこと。○近世……最近。我が国に対して、欧米諸国が通商を求めてきたのは、寛政四（一七九二）年にロシアのラクスマンが根室に来たり、通商を求めたのに始まり、以後、ロシアのレザノフの長崎来航（文化元・一八〇四）、イギリスのゴルドンの浦賀来航（文政元・一八一八）、フランスの琉球来航（弘化元・一八四四）、イギリスの琉球来航（弘化二・一八四五）、アメリカのビッドルの浦賀来航（弘化三・一八四六）などを経て、嘉永六（一八五三）年にアメリカのペルリの浦賀来航に至る。このペルリの来航によって、我が国はそれまでの方針を変更して、各国（米・英・露・蘭）との間に安政元（一八五四）年、和親条約を締結するととなり、やがて安政五（一八五八）年に米・英・露・蘭・仏との間に通商条約を締結するに至るのである。○通市……通商。○禁絶……禁制して根絶すること。○後患……後日の憂え。○戻《もと》らざる……理に逆らうこと、矛盾。○我が神州の邦……日本。○気候融和……気候が温和であること。○生人聡明……人はさとく道理に通達していること。○土壌衍沃《えんよく》……土地は広々としてよく肥えていること。○五穀豊登……穀類が豊かに稔ること。○人民繁庶……人口が多いこと。○百貨饒足《じょうそく》……多くの貨幣が豊かに足りること。○宇内比するもの罕《まれ》なり……世界に於いて比較できるものは珍しい。○豎子《じゅし》……子供。○武威桓桓外に震ふ……武力の威力が猛々しく外国に発揮する。○高垣峻墻《こうえんしゅんしょう》……高い垣根や峙った土塀。○虚空……大空。○鬼拳《さざえ》に介有り……さざえに殻がある。○扁螺《あわび》に貝有る……あわびに貝がある。○外患……外からのわざわい。○備……用意、準備。○重門撃析《ちょうもんげきたく》……幾重にも門を設け、拍子木を打って警戒すること。○暴客……乱暴者。○弧矢《こし》の利……木に弦をつけて造った弧と、木を削って造った矢との鋭利さ。即ち武器を鋭利にすること。○天下を威す……天下を威圧すること。○爐上に烹られ……炉の上で焼かれること。○鼎中に煮らる……なべの中で煮られること。○恃む所のもの……頼りにしているもの。○高城深池……高い城や深く掘った池。○堅革利兵……堅いなめしがわで造った鎧や鋭利な兵器。○語に曰く、食を足し、兵を足し、民之を信ずと……『論語』顔淵篇に見える言葉。○役夫……公役に徴用された人夫。○餉《しょう》……飯。○外寇を禦ぐ……外国から攻め寄せる寇を防ぐこと。○武技精練……武術をよく練習していること。○凶旱水溢及び軍旅の不虞……凶作や旱害、水害や思いがけない軍事などの出来事。○王制の法……王制四分の法のこと、即ち、古代聖人の定めた制度であり、一年の収入を四分し、その三をして一年の費用とし、残りの四分の一を貯蓄に充てて、非常の時の費用にすること。○国九年の蓄無きを不足と曰ひ、六年の蓄無きを急と曰ひ、三年の蓄無きを国其の国に非ずと曰ふ……『礼記』王制篇の言葉。○方今……現在。○列国……諸国。ここでは日本の諸藩をいう。○升平日久しく……国運が盛んで、世が平かに治まっている日が長く続いていること。○侈靡《しび》を窮極し……身分に過ぎた奢りを窮め尽くすこと。○横歛《おうれん》……無謀な年貢の取り立て。○流亡……故郷を放て所々にさ迷うこと。○三年の跡を取り……三年後の租税を先に徴収すること。○侯……藩主。○餓莩《がひょう》……餓死した人。○墟莽《きょもう》……叢の中の古い城跡。ここでは廃墟のこと。○鼎裏《ていり》……なべの裏。○埋伏……うずもれ隠れること。○攘斥《じょうせき》……払い退けること。○官命……政府の命令。○蕃舶我が漂民を護送し、浦港に来る。我が吏国法を示し肯て受けず。蕃舶将さに去らんとするや、流民を小舸《しょうか》に乗せ、其の岸に達するを観て乃ち去れりと……嘉永五年（一八五二）六月二十四日に、ロシア捕鯨船メシンコフ号が、嘉永三年（一八五〇）正月に遭難漂流した天寿丸の乗組員七名を乗せて下田港に来航したが、下田奉行所はメシンコフ号の入港を拒否し、港外への退去を命じた。メシンコフ号は夜になって退去したが、小船一隻が残されていた。その小船には天寿丸の七名が乗っていた。彼等は三日後の暗夜を選んで、仲木に上陸した。本書は、これを浦賀港に於いてのことと誤解したものであろう。当時、漂流民を救助して浦賀に来航した外国船としては、弘化二年（一八四五）年にアメリカの捕鯨船マンハッタン号が、漂流民二十二名を救助して来航したことがあるが、この時、幕府はマンハッタン号の入港を許可し、二十二名の帰国を許している。またその前には、天保八年（一八三七）年のモリソン号が三名の漂流民を救助して来航したことがあるが、この時幕府は、砲弾を浴びせ、モリソン号は港に入ることができず、薩摩の山川港に迂回した。が、ここでも砲撃されて引き返しており、漂流民のみを小船で送り帰したという事実はない。○崎港に赴く……長崎港に行くこと。当時日本に於いて外国船の入港が認められるのは長崎一港のみであった。○漂民……漂流民。○小舸……小さいはやぶね。○絶海萬里を渉り……窮めて遠く陸を離れた海をこえて行くこと。○偶々……まれに。○郷国……故国。○悲泣の情……悲しみ泣く気持ち。○吏……役人。○路を引き……案内すること。○民情は仁に帰す……人民の心情は慈愛に赴く。○不仁……慈しみの心のないこと。○匹夫《ひっぷ》匹婦《ひっぷ》……身分の卑しい男女。○琴瑟《きんしつ》和合……琴と瑟の音が調和することから転じて夫婦和合することをいう。　○愛敬交《こもご》も至る……愛し敬うことが互いにとどくこと。　○役に于《ゆ》いて……戦役に行くこと。　○羞膳《しゅうぜん》を供し……陰膳を供えること。　○貞婦……貞操を固くまもる婦人。○凜然……りりしいさま。　○外人……他人。　○籬外……まがきの外。　○履迹……足でふんだ跡。くつあと。　○怨望……恨めしく思うこと。　○窺伺《きし》……人の様子を伺って、機会があれば事をためそうとすること。　○辺海……国境の海。　○風帆……風を受けてふくれた帆。　○蕃船……外国船。　○虚……備えのないこと。　○偵知……様子を探り知ること。　○人身……人体。　○内虚……内部が衰弱すること。　○外邪……外部からの病原菌。　○撃斉《げきさい》……劇薬。　○庸医……藪医者。　○漫《みだ》りに……むやみに。　○外邪を撃たん……病原を攻めること。　○危殆《きたい》……あやういこと。　○吾……二宮尊徳のこと。　○故主……小田原藩主大久保忠真のこと。　○野の廃邑を修む……下野国桜町の宇津家の所領復興のことをいう。　○土瘠薄《せきはく》……土地の地味がやせていること。○風俗……ならわし。しきたり。　○民農を去りて以て飲博を業とし……住民は農業を捨てて飲酒や博打を務めとすること。　○中刀……脇差。　○佩《お》び……身につけること。　○格闘を事とし……組打ちを仕事とすること。　○彼を撃ち此れを斃して……互いに殺し合うこと。　○怪しまざるなり……不思議に思わないこと。　○汝……二宮尊徳のこと。　○農間に長じ……農民の間で生長し。○莱菔《だいこん》……大根。　○糞培……肥料をおくこと。　○鶏犬……鶏や犬。　○吠走……吠えながら走ってくること。　○人倫……人間。　○安然改歳を為す……安心して歳を越すこと。　○白刃……刀のぬきみ。○常情……人としてあたりまえの情意。○汙俗《おぞく》……悪い習わし。○化して……変化することと。○篤行……篤実な行い。○囹圄……牢屋。○腐朽……腐り朽ちること。○脩《おさ》めず……修理しないこと。○四隣……四方の国々。○侯伯……諸侯。○法……報徳仕法。即ち農村復興の方法。○請ふ……願い望むこと。○連々……引き続くこと。○僅々たる……僅かの。○三邑……桜町の三村。○譲施……譲り施すこと。○神国……日本のこと。○仁者に敵無き者……『孟子』梁恵王上篇第五章に見える言葉。○忿然……怒って平かでないさま。○順撫……教えいたわる。○元元《おおみたから》……人民。○肝脳地に塗《まみ》れしむる……惨殺せられて、胆も脳も土まみれになる意で、困窮の極に陥ること。○校量……くらべはかること。○十一を譲り……十分の一を譲ること。○奥羽……陸奥国と出羽国。現在の東北地方。○衰時の天分……衰えた時の限度。○朝覲《ちょうきん》……諸侯が参内して皇帝に拝謁すること。ここでは江戸への参勤交代をいう。○衰邑……衰えた村。○持盈《じえい》の路……十分の地位を保って失わない方法。○仕官……役所勤め。○農兵……普段は農事に従事し、事ある時は武装して戦う兵のこと。○筋骨を労し……身体をほねおること。○兵器を修め……武器を整え正すこと。○家道を復す……家政を立て直すこと。○七道……全国。○古の治強……昔のように国が治まり兵の強い状態。○養生喪死憾み無く……生を養い、死を弔って遺憾の気持ちを持つことが無いこと。○艫《ろ》……船尾。○祖宗の法度……祖先以来の規則。ここでは徳川家光によって定められた鎖国令をいう。○互市の端……交易の端緒。○綿々として……続々として。　○疆り有るの財……有限の財産。　○目前の乱……目先の混乱。　○敝政……弊害の多い政治。　○苟且つ因循……一時凌ぎで旧い習慣に因り従って改めないこと。　○長計……永遠のはかりごと。　○澆季《ぎょうき》……衰えた末の世。　○僻在……偏って存在すること。　○有無を易へ……有るものと無いものを交換すること。　○有余不足を通ず……余っているものと足りないものを融通すること。　○天地の中和に位し……天地が良く調和した処に存在する。　○膏土《こうど》沃壌《よくじょう》……土地がよく肥えていること。　○絶域……遠く隔たった所。　○窮髪不毛……北方の果ての作物の育たない土地。　○嘉穀……よい穀物。　○饒使《ぎょうし》……たとえ　○進止倨傲《きょごう》……立居振舞が驕りたかぶること。　○乞言《きつげん》……老人に善言の教えをこうことから、言葉をいう。　○不遜……謙虚でないこと。○天日の嗣……太陽即ち天照大神の子孫である天皇。　○皇化宜しく四夷を覆ふべき……天皇の徳化は四方の異民族にあまねくいきわたらせるべきである。　○天理を極む……天然自然の正しい道理をおしつめること。　○四夷を撫すべきの義……四方の異民族を恵み安心させる理由。　○理義……道理と正義。　○萬里の鯨波を渉り……極めて遠い所から大波を越えて来ること。　○殊死……死を決してなすこと。死にものぐるい。　○陋……いやしいこと。　○神州土外の廃地……日本の中の耕作に用いられていない土地。　○無盡の粟を産し……尽きることのない穀物を生産すること。　○巨艦……大きな軍艦。　○痛快……甚だ愉快なこと。　○幕府公邑八百萬石……幕府の公領（天領）は、八百万石と公称されていた。　○原埜廃河湖沼沙洲……野原や河筋が変わって水が流れなくなった処や湖・沼、また砂州。　○墾辟《こんへき》……開墾し尽くすこと。　○国初以来の廃蕪……国始まって以来の荒れ果てた処。　○撫蕃《ぶばん》の資と為す……諸外国を恵み安んずるための資財とするということ。　○曲折反復……一部始終を繰り返しいうこと。　○告諭……言い聞かせること。　○非望……身分不相応の望み。　○始施……始めて施す時。　○厳諭……厳しく諭すこと。　○膽……胆。　○天朝……朝廷の敬称。ここでは日本のこと。　○賓服……外国が服従してくること。　○輯穆《しゅうぼく》……むつまじくやわらぐこと。　○天下の長計……世界に対する永遠のはかりごと。　○仁政……情け深い政治。　○守備修まり……敵を防ぐ準備が整えられること。　○兵気振るひ……士気が奮うこと。　○倉廩満ち……蔵に五穀が満ちること。　○仁澤海内に洽く……恵み慈しむことが日本中にいきわたること。　○赫々たる神州……世界にかがやく日本。　○萬国と峙し……世界の国々の中にあって高くそばだつこと。　○終古富嶽の安きを得……永遠に富士山のやうな安定を得ることができること。

跋

余、二宮先生に学ぶこと斯に十年。魯鈍の性、日に高堅前後に苦しみ、数々《しばしば》畫退《かくたい》に至り、卒《にわ》かに之に加ふるに疾病を以てし、伏枕《ふくちん》已に年を踰ゆ。一朝慨然歎息し、自ら苦学十年、循々善誘の恩義を空《むな》しうせんことを恐れ、親ら聞く所の要途を記し、以て萬一に報ぜんと欲す。然れども其の全体大用、季父《きふ》任斎《にんさい》の報徳記、之を言ふや既に盡す。又た何ぞ煩言を用ひん。然りと雖も述べて遺さざるは、弟子の職、奮発自ら已む能はざるもの有り。乃ち敢へて其の余意を捃摭《くんせき》し、名づけて報徳外記と曰ふ。然れども我が途は本《もと》躬行実践に在り。烏《な》んぞ言語文字を用ひん。況んや至愚病間、徒らに糟粕を記すをや。その本意を繆《あやま》り至道を汙《けが》すや必せり。且つ其の位に非ずして天下の事を冒言す。固より先生の意に非ざるなり。故に深く諸を巾笥《きんし》に蔵して、以て同志の是正を竢《ま》つと云爾《しかいう》。

安政甲寅春三月

相馬中村　斎藤高行伯順識

〈訳文〉

余が二宮先生に学んで既に十年になるが、魯鈍の性の為に、日々、師説の余りに偉大で捉えがたいことに苦しみ、しばしば諦めかけたこともあるほどで、更にそれに加えて最近になって病気に罹ってしまい、寝込むようになって既に年も越えてしまった。或る朝、慨然として嘆息し、苦学十年、愍ろな指導の恩義を空しくしてしまうことを自ら恐れ、親しく聞いた所の要道を記して、大恩の万分の一でも報いたいと考えた。しかしながら、その道の大体は叔父任斎の報徳記に言い尽くしている。どうして更にくどくどと述べる必要があろうか。しかしながら、師の教えを述べて残すことがないようにするのは弟子たる者の職務であり、奮発して自ら止み難いものがある。そこであえてその余意を拾い集めて報徳外記と名付けた。しかしながら、我が道は元々躬行実践にある。どうして言語文字を用いようか。ましてや至愚の身の病間にあって、いたずらに糟粕を記すに至っては、その本意を誤り、至道を汚すことは必定である。その上、その位にも無いに拘らず、天下の事を冒言しているが、これは固より先生の意志ではない。それ故にこれを深く文庫に蔵して、同志の是正に待つこととする。

安政甲寅（元年）春三月

相馬中村　斎藤高行伯順識す。

〈語義〉

○余……斎藤高行。　○二宮先生……二宮尊徳のこと、解説の「一、二宮尊徳小伝」を参照。　○斯に十年……弘化二（一八四五）年の入門以来、本書執筆の安政元（一八五四）年まで丁度十年になる。　○魯鈍の性……愚かで鈍い性質　○高堅前後に苦しみ……偉大で捉えがたいこと。　○畫退《かくたい》に至り……留まるか止めるかという状態となること。○卒《にわ》かに……急に。○疾病……病気。○伏枕……病気で寝込むこと。○慨然……憤り嘆くこと。○歎息……嘆いて溜息をつくこと。○苦学……苦労して学ぶこと。○循々善誘の恩義……循々は諄々と同じ意味、繰り返し丁寧に教え諭して良い方へ導いて貰ったことに対して報いなければならない義理と恩。○空しうせん……あとかたもないようにしてしまうこと。○要途……要になる事柄。○萬一に報ぜん……万に一つでも報いること。○全体大用……全ての大切な事柄。○季父任斎……斎藤高行の叔父（季父とは叔父のこと）富田高慶、通称は久助、任斎はその号である。高慶は文化十一（一八一四）年六月一日相馬藩士斎藤嘉隆の次子として生まれた。当時、相馬藩は天明以来の度重なる凶作により、田畑は荒廃しており、藩主益胤は忠良の賢臣をあげて節倹に勤め、勧農に努力していたが、容易に復興させることができなかった。これを見た高慶は、天保元（一八三〇）年十七歳の年、藩を去り、江戸に出て、はじめ屋代弘賢の門に入り、次いで昌平黌の儒官依田源太左衛門の塾生となり、、苦学十年父母に学資を仰がず、寝るに布団を用いず、何時も机によって仮眠するだけであった。が、儒学の研鑽は進んでも、その志す国を興す学問を学ぶ術もなく悩んでいる時に、医師磯野弘道を通じて二宮尊徳の名を耳にし、野州桜町の尊徳を訪ねたが、容易に入門を許されなかった。が、谷田貝村の農夫太助のもとに仮住まいし、尊徳の下に日参し、垣根の外でその講義を聞くこともしばしばであった。やがて半年の後、遂に許された。時に天保十（一八三九）年、高慶二十七歳の時のことである。その後高慶は脇目もふらずにその教えを学び、また尊徳も彼に目をかけ、厳しく指導していった。そして二宮四大門人の筆頭となり、尊徳の娘文子を娶った。時に高慶三十九歳のことである。尊徳の仕法が相馬に実施されたのは弘化二（一八四五）年十二月、高慶が入門して七年の後のことであったが、尊徳は自らの名代として高慶を相馬に派遣したのであった。藩主光胤の信任は篤く、高慶を常に先生と呼び、単なる藩士の扱いは決してしなかったといわれる。二十七年間に及ぶ相馬の仕法成功の功績は、高慶に帰すべきものであった。安政三（一八五六）年十月、尊徳が死んでからは、嫡男弥太郎を助け、各地の仕法を遂行していき、明治維新の戊申の役に於ては、奥羽列藩同盟に加わったものの、いかに勤皇の実を挙げるかに苦心し、藩論を統一し、自ら官軍に使いし、藩主の苦衷を訴え、相馬藩を戦禍から救った。その後、藩主の恩命もだし難く、家老の末席に列なり、議会を開き、政務の得失を論じ、種々の改革を実行し、士族の土着を実現させていった。その後仕法の廃止やむなしに至るや、西郷隆盛らの援助を得て、その一部を継続すると共に、明治十年には興復社を創設し、自ら社長として、民間における報徳仕法を進め、明治二十三（一八九〇）年一月五日七十七歳で病歿した。「弘量院毅徳全任居士」という。安政三年十月、尊徳の死に際会するや、悲しみの中に尊徳の伝記を著した。それが『報徳記』である。また、彼が三十七歳の時に著したものに『報徳論』がある。これは尊徳が認めた門人の報徳関係の著述のなかの唯一のものであるといわれている。

○報徳記……富田高慶著、全八巻、安政三年十月二十日、尊徳が亡くなるや、弟子の間で、師の伝記執筆の声が強く、高慶はこれを寺門静軒に依頼した。ところが、その文章は頗る流麗であり、また記事その要を得てはいたが、真に迫るところが全くない。高慶はこれを評して「一篇の伝記湯を呑むが如く、何等精神の涌発するものなし。」と。よりて忌中謹慎の体にして、一切客を辞し一気呵成に師の伝を記し、十一月二日に脱稿した。その後、これを世に弘めることを進める者が多い処から、翌年野州湯西川の温泉に病を養いつつ改稿し、完成したのが本書である。但し、ここに『報徳記』とあるのは『報徳論』の間違いである。『報徳論』は富田高慶が、嘉永三（一八五〇）年十一月に書いたものであり、その内容は、「第一　天道ハ自然ニシテ人道ハ作為ニ出ツルヲ論ス・第二　国家ノ盛衰安危ハ譲奪ニ在ルヲ論ス・第三　国ヲ興シ民ヲ安ンスルハ分度ヲ立ツルニ在ルヲ論ス・第四　国ヲ豊ニシ民ヲ富スハ無利息金ニアルヲ論ス・第五　荒蕪ヲ闢クハ上古ノ道ニ在ルヲ論ス・第六　治国安民ハ人ノ主タル者ノ道ニシテ臣タル者ノ道ニアラサルヲ論ス・第七　富貴天ニアラス分ヲ定メ倹ヲ行フニ在ルヲ論ス・第八　国ノ盛衰ハ人君ノ躬行ニ在ルヲ論ス・第九　聖人ノ道農夫ノ業ニ同キヲ論ス・第十　富ヲ保ツモノ中庸ノ分度ヲ立ツルニアルヲ論ス・第十一　業ヲ立ツルモノノ自奉綿衣飯汁ノ三ニ在ルヲ論ス・第十二　国ノ本ハ農ニ在ルヲ論ス」というものであり、本書とその内容は酷似する。○煩言……くどくどと述べること。○述べて遺さざる……説明して残すところがないようにすること。○弟子の職……弟子としての任務のこと。○奮発……気力を奮い起こし、元気を出すこと。○余意……言外の意味のこと。○捃摭《くんせき》……拾い取ること。○躬行実践……本人自ら実際に行うこと、躬行と実践は同じ意味。○言語文字……言葉や文字。　○至愚病間……極めて愚かであり、而も病気であるということ。　○糟粕……良い部分を取った残りかすのことで、ここではその精神を汲み取らず、形式だけを記しているの意。○本意……本来の意味。　○繆《あやま》り……誤り。　○至道……この上もない人道。　○汙《けが》す……汚すと同じ意味。　○其の位に非ず……天下の事を云々することのできるような高い身分でもないに拘らずという意味。　○天下の事を冒言す……天下国家のことをむこうみずに云う。　○巾笥《きんし》……手文庫。○同志の是正を竢つ……同じ志を持った人の訂正を待つ。　○云爾《しかいう》……文末に用いる常套句。　○安政甲寅春三月……安政元年、西暦一八五四年三月、本書執筆の時。　○相馬中村……現在の福島県相馬市、中村は相馬藩の城下町。　○斎藤高行……本書の作者、解説の「二、斎藤高行小伝」を参照。○伯順……斎藤高行の号。　○識……しるし、ここでは記すの意。

解説

一、二宮尊徳小伝

(イ)

二宮尊徳は天明七(一七八七)年七月二十三日、相模国足柄上郡栢山村(現神奈川県小田原市)に、父二宮利右衛門、母よし(曽我別所村川窪氏の女)の長男として生まれた。幼名は金次郎、尊徳(たかのり)と称したのは、天保十三(一八四二)年、幕府に登用された時からである。後、弟として三郎左衛門(友吉)、富次郎の二人が生まれる。

栢山村は、富士山麓に源を発する酒匂川の右岸にある小村であるが、酒匂川によって形成された足柄平野の中心部にあり、水利にも地味にも恵まれた豊かな農村であり、尊徳の生家も、父利右衛門が祖父銀右衛門から相続した土地は二町三反余りあり、中流の農民であった。

父の利右衛門は村人からは「栢山の善人」といわれた実直で高潔な風格をもった人物であり、思いやりが深く、求められるままに人々に貸したり、恵んだりした結果、銀右衛門から相続した資産もしだいに減っていった。その一家に大きな打撃を与えたのが、寛政三（一七九一）年八月に起こった酒匂川の大洪水である。この洪水により、頼みとする田畑はすべて砂礫の下に埋まり、貧乏のどん底に突き落とされることとなった。時に金次郎五歳の時であった。

利右衛門は苦しい生活に堪えながら、埋まった田畑の復旧に努力し、五年にしてようやく復旧することができたが、間もなく心身の過労から病に倒れてしまった。村の医者村田道仙にかかって、治ることができたが、薬代が無いために、多年辛苦して復旧した田を売って金二両を得て、これを持って道仙を訪うた処、道仙はこれを怪しみ、その金を得た訳を問うのに対し、実を以て答えた。これを聞いた道仙は感動してこれを受け取ろうとしない。押問答の末、遂にこれを折半して半ばを医者に贈り、半ばを家に持って帰る事となった。家に帰るや、利右衛門は金次郎に向かって、医師の親切によって汝等を養うことができるといって喜んだという。

その利右衛門が歿するのが寛政十二（一八〇〇）年九月二十六日、金次郎十四歳の秋のことであった。これより先、金次郎は草鞋を作ってこれを売り、父のために酒を買ってきたり、また父の代役として酒匂川の堤防工事に出ては熱心に働くとともに、自らの力不足を補うために、村人に草履を履いて貰うなどのこともしていたが、父が亡くなるや、一家の生計は、金次郎の肩にかかることとなった。金次郎は早朝から山に入り薪を伐ってこれを売り、昼は野良仕事に励み、夜は遅くまで縄を綯い草履を作って働いた。が、その間にあっても寸暇を惜しまずに勉学に勤しみ、山から帰る途中にも、薪を担いで、歩みながら高らかに『大学』を誦読したので、世間の人はこれを怪しんだといわれている。

が、このような勤苦を続けても、その生活は楽になることは無く、反対に困窮は日を追って厳しくなっていった。金次郎十六歳の享和二（一八〇二）年の三月、母の生家の祖父が亡くなったが、そのとき会葬した母と金次郎の服装が余りに見すぼらしいために、式場へ出ることを断られ、控室で食事だけ出された。喪服が無いために、見下げられ哀しい思いをした母は、生きる気力を失ったのか、わずか十日余りの急病で、四月四日、三十六歳でこの世を去った。神に祈り看病に尽くした金次郎の悲しみは大きく、殆ど身を損なうのではと思われる程であった。

この年六月二十九日、酒匂川はまたもや氾濫し、僅かに残っていた田も土砂の下に埋まり、金次郎は文字通りの無一物となってしまった。親戚は相談して、弟二人は母の生家に引き取られ、金次郎は伯父の万兵衛の家に身を寄せることとなった。

伯父の万兵衛の家に引き取られた金次郎は、昼間は万兵衛の家業を勤め、夜には書物に心の糧を求め、先哲の教えを学ぶために読書に勤しんだ。が、ある時、万兵衛からは灯油を費やすと叱られ、仙了川の堤の荒地に友人から借りた菜種五勺を播き、翌年七・八升を得て、これを灯油に替えて読書するや、またしても万兵衛これを見咎めて、無益のことをするよりも縄綯いをして手伝えといわれ、以後は夜毎に縄を綯い、家人の寝静まった後に密かに衣を以て灯火を覆て読書し、朝方になって止む日々を続けたという。

また享和三（一八〇三）年、十七歳の初夏、大水のために不用となった古堀の地を開墾して、捨苗を拾い集めて植えたところ、秋には一俵の収穫を得ることができた。このことから、金次郎は「小を積んで大と為す」という天地自然の法則を悟り、これを基として勤労すれば、一家の再興は実現することを確信した。

文化元（一八〇四）年に万兵衛の家を出て、名主の岡部伊助や、親戚の二宮七左衛門の家に住み込みながら、日夜勉励、一家の再興に努力していったが、その年、隣村の飯泉村の観世音に参詣し、旅の僧の唱える観音経を聞き、その慈悲の心を悟り、以後、酒匂川改修工事などで得た金を貯え、村内の貧しい老人などに二百文・三百文と施すのを、艱難の中にあっての楽しみとしたどいう。

文化二年の暮に、三年ぶりでわが家に帰った金次郎は、破損の甚だしい家を修理し、貯えていた金三両二分で九畝余りの土地を買い戻し、一家再興のスタートを切った。以後、荒地の開墾に力を尽くし、その拓いた田は小作に出し、自らは薪や米を売りに小田原まで出かけると共に、米や金を他人に貸して現金収入を得、それを基にして所有地を増やしていき、五年後の文化七（一八一〇）年、二十四歳の時には、一町五反近くの地主となり、文化十四（一八一七）年、三十一歳で妻を迎える時には三町八反余りの大地主にまで成長していた。

が、其の間、貧しい人々には米や金を施したり、身寄りの無い老人の面倒を見たりもした。また母の実家が倒産した文化五（一八〇八）年、二十二歳の時には、苦労して手に入れた田地の一部を処分して助けると共に、十九歳の時に二宮総本家の再興を念願して、その屋敷跡に竹木を植え、文化六年、これを伐って売り、その代金を基として総本家の再興の基金とした。これが後の「報徳仕法」の根元となる「報徳善種金」の始まりであった。

しかし、このような一家再興の努力の中にあっても、金次郎は学問への情熱は失うことはなく、十八・九歳の頃には岡部伊助方にしばしば出入りし、学者がその息子に聞かせる講義を縁の外で聞いたり、また小田原へ出ては学問好きの武士の家を選んで出入りした。その彼は文化九（一八一二）年、二十六歳の時、小田原藩の家老である服部家に学僕として住み込み、昼は三人の子供の共をして、藩校に通い、講堂の外でもれてくる講義を聞き、夜は彼等の復習を助言をする日課の中で、『四書五経』を自然と自分のものとしていくなど、勤労と学問の両立を図っていった。

このようにして、一家再興を実現させた金次郎に、小田原藩の家老である服部家から家政復興の依頼があったのは、文化十四（一八一七）年、三十一歳の暮のことであった。服部家は世禄千二百石であったが、実収はその三分の一にあたる四百三俵しかなく、その上に多額の借金があり、家老職をも辞さなければならないような状況であった。金次郎は最初これを固辞したが、再三の懇請もだし難く、遂にこれを承諾し、

食は必ず飯汁に限り、衣は必ず綿衣に限るべし、必ず無用の事を好むべからず

の三箇条を守ることを約さしめ、また、その奴僕に対しても、以後その指図に従うことを厳命し、その家政立て直しに着手したのが文政元（一八一八）年三月のことであった。彼は服部家の帳簿一切を調べ、その収入と支出を細かく検討し、分度を引き、中分の予算を立て、徹底した緊縮財政を実施した。かくして五年にして服部家の家政は再興し、借財は全て精算し、なお三百両を余すに至った。金次郎は辞去するに際し、

百金は君の手元へ備へ、別物として非常の時国君へ奉仕の用となせ。又た百金は婦君是まで艱苦を尽くし夫家の再興を勧められたる賞として婦君に与へ玉へ。婦君も亦た此を別途に備へ家の再び衰へざるの予備となせ。猶ほ百金を余せり、是は子の志す所の用に充てよ。

と、その三百両を服部十郎兵衛に渡したところ、服部十郎兵衛は、その百両を謝礼にと金次郎に渡した。これを受け取った金次郎は、奴僕を集め、五年間その艱苦を共にした誠心を賞して、その百両を分け与え、自らは一物をも受けずに飄然として家に帰ったのであった。

この服部家再興の間に、金次郎は進言して、枡の大きさを統一したり、また「五常講」という組織を造り、下級藩士の救済にも努力した。この「五常講」は、節約して貯えた金を積み立て、困った者が出た時には、これを貸していくための組織であり、儒教の徳目である仁・義・礼・智・信の実行をモットーとした相互扶助を目的としたものである。金次郎は、この相互扶助の精神による道徳と経済の一致を考えたのである。

（ロ）

この服部家再興に着手した文政元（一八一八）年十一月、小田原藩主大久保忠真は、京都所司代から老中に栄転し、江戸への途中、酒匂川の河原で、領内の善行者を表彰したが、その中に金次郎（以下尊徳の名称を用いる）も入っていた。この表彰に感激した尊徳は、以後自己一身のことよりも世のため人のために尽くすことを第一と考えるという「自他の振り替え」を自らの使命と考えるようになった。

小田原藩主の大久保忠真は、老中としても名君の誉れ高かったが、度重なる天災により、藩の財政は逼迫していた。忠真はその再建に家老服部家の復興をなし遂げた尊徳を登用しようとしたが、藩の重役たちは猛烈に反対した。が、尊徳の登用を断念できない忠真は、今まで何度もその復興に着手して、その実効の上がらない分家宇津釩之助の領地を復興せしめ、その実績を以て登用するならば重臣の反対もなかろうと考え、尊徳にその復興を命じたのである。

旗本宇津釩之助の領地は下野国芳賀郡桜町（現栃木県二宮町）の物井・東沼・横田の三箇村四千石、元禄十一（一六九八）年には、戸数四百戸、人口千九百余人であったが、文政五（一八二二）年には、戸数百五十六戸、人口七百四十九人に減少しており、土地は荒れ人の気質も悪く、僅かに九百石余りの収入しかない状態であった。

尊徳はその命を三年間固辞したが、再三の懇請に動かされ、調査の上で決定することにした。時に文政四（一八二一）年、尊徳三十五歳であった。尊徳はその年の四月から翌年にかけて、桜町へ往復すること八回、土地や水利の自然調査、農家一戸一戸の暮らしむき、村民の気質などを丹念に調査し、さらに百年前からの記録を調査し、「古今盛衰平均土台帳」を作成して、復興計画を立て、忠真に報告し、その復興には仁政を第一義とすることを力説し、勤労意欲を失わせ、依頼心を増長させる補助金制度の廃止を進言し、二千石迄の復興の実現可能なことを述べたのである。

忠真は、改めて尊徳に桜町復興を命じた。桜町の復興（仕法）は、復興計画に基づいて次のように決定された。

復興期間は十年。その間の租税は、田租千五俵、畑租百二十七両。それ以上の収穫は、仕法資金とする。また小田原藩は、毎年米二百俵と金五十両を仕法資金として交付する。

これに基づいて領主宇津家は千石を分度として生活を切り詰めることとなり、十年後には二千俵の年貢を納められるように、具体的な復興目標を立てたのである。

桜町復興の決心をした尊徳は、田畑を始め家屋、家財道具の全てを売却し、その売却費を仕法資金として、文政六（一八二三）年三月、妻の波子、長男の弥太郎を伴って桜町に旅立った。この時、彼は士分に取り立てられ、名主格役五石二人扶持を給せられることとなった。

尊徳の赴いた桜町の陣屋（役所）は、屋根は破れ、柱は腐り、壁は崩れ落ち、軒下からは草が生い茂り、まさに狐狸の住処であった。村の中も同様で、田畑の三分の二は荒野となり、僅かに家の近くに耕された田畑があるのみで、それすら雑草がはびこっている有様であった。村はどの家も極貧で、勤労の意欲は全く無く、博打にふけり、喧嘩争論が絶えず、村も人も荒れ果てていた。

尊徳はまず陣屋の修理をすると共に、着任の日から領内の回村を始めた。朝は鶏の鳴く明け方から日暮れまで、毎日、一軒一軒を見て廻り、村人の状況、性質から土地の状況に至るまで、一日の休みも無く続け、領内の隅々までを頭に入れたのである。

村の実情を把握した尊徳は、物心両面からの立て直しを図り、用水を掘り堰を造り、荒地を拓いて生産の増加を図ると共に、村人の気風を改める努力をしていった。すなわち、まず心掛けの良い者を投票で選び、これに褒美として金や農具を与えた。また困窮者に対しては無利息金を貸して、借財を清算させ、貧困からの救済を図っていった。

しかし、この尊徳のやり方に対し、今まで甘い汁をすっていた名主や役人を始め、悪賢い者たちは、事々に反対し、事業の妨害をしていった。ことに文政十（一八二七）年、小田原から派遣された豊田正作は、尊徳の上役という地位を利用し、尊徳に反対する者たちと結びついて、事々に事業を妨害していった。

桜町仕法を開始してから足かけ七年、尊徳の懸命の努力にも関わらず、豊田を中心とした妨害は激しく、仕法の実効は全く見られず、仕法は休止の状態となってしまった。文政十二（一八二九）年正月、四十三歳を迎えた尊徳は、江戸に行くといって行方不明となった。心ある村民たちは非常に心配し、桜町は大変な騒ぎとなった。一方尊徳は、仕法完成のための方法を種々考えながら、各地を放浪したのであろう。三月の半ば過ぎになって、下総（現千葉県）の成田の不動尊にその姿を現した。成田の小川屋という宿屋に泊まった尊徳の身分を怪しんだ主人が、江戸の藩邸に問い合わせた処から、彼の居所がはっきりした。尊徳は、ここで成田山新勝寺の照胤和尚と知り合い、寺の別寮に移って二十一日間の断食修行を行った。修行は、毎日数回水を被って身を清め、一心に桜町復興を祈る厳しいものであった。そしてこの照胤和尚との交友を通じて、彼はすべてのものにはそれぞれ徳性が備わっており、その徳性を発揚させるのは、人間の至誠であることを確信したのである。

彼は、この確信を得て、二十一日間の断食修行が済むや、僅か二・三杯の粥で腹拵えをするや、迎えにきた村人の代表と共に、二十里の道を一気に歩いて桜町に帰ったのである。尊徳が桜町を離れている間に、人々は改めて尊徳の偉大さに気付き、また豊田も解任され、新たに良き理解者である横山周平が赴任しており、翌日から仕法は再開された。今度は、もはや妨害する者とて無く、仕法は順調に進み、仕法開始から十年目の天保二（一八三一）年には桜町三箇村は、貧困から立ち直り、人心も改まり、貢租も、米千八百九十四俵、畑租百三十八両となり、当初の予定以上の成績を挙げることとなり、戸数は八戸、人口は七十九人増加したのである。

桜町の復興をなし遂げた尊徳ではあるが、宇津家の完全な財政復興は、未だ実現していないところから、尊徳は引き続き五年間の仕法延期を依頼され、彼はそのまま桜町に留まって指導を続けることとなり、天保五（一八三四）年には、徒士格に昇進した。

このように衰退した村を復興していった尊徳であるが、その基本としたところは、村民の教化、則ち心田の開発であった。彼は陰日向のある者には至誠を以てこれを諭し、陰日向無く努力する者には報償金を与え、その労をねぎらい、その者にあった方法で感化を及ぼしていった。横田村の名主円蔵が家の新築のための費用として、二十両の借金を申し込んだのに対して、「村の復興が未だ実現しない中に名主が家を新築すれば、村民の反発を買うだけであり、自ら率先して苦労し、皆が復興した時には望みを叶えよう。」と、これを拒否し、反対に借金をしたとして毎年その金額を返済させ、その積金を基として後に百両余りの家を新築してやった話などは特に有名である。

また天保四（一八三三）年夏の初め、天候不順であったが、今年は冷夏になると判断した尊徳は、村人に命じて、綿畑を潰して稗を植えさせ、飢饉を免れさせ、その後引き続いて畑の税を免除して、雑穀を植えさせ、これを貯蔵させせた。こうして天保七（一八三六）年に起こった全国的な大飢饉においては、天保七年から翌年にかけて諸国で数十万人の餓死者を出したに拘わらず、彼は富める者も貧しい者も平等に、各戸一人につき穀物五俵ずつを備えさせ、それ以上に所有している者には、貧しい者に譲らせ、その数に満たない者には補って与え、桜町領では一人の餓死者も出すことがなかった。

こうして大飢饉を乗り越えた尊徳は、天保八（一八三七）年に桜町の第二期仕法を完了し、宇津家に引き渡した時、分度外の積立米は八千五百俵余、現金二百十両余であった。また桜町の実貢租も三千俵となったが、当初の約束通り、租税は二千俵とし、これを宇津家永久の分度と定め、農民の富裕をも実現したのである。

（八）

が、本来桜町の復興は、小田原藩の復興の前提であった。天保の大飢饉にあった小田原藩では、数万人が飢えに苦しみ、手の打ちようがないほど窮迫していた。藩主忠真は、使者を派遣して尊徳を江戸に呼び、その復興に当たらせることとなった。天保八（一八三七）年二月十一日、江戸を出発した尊徳は小田原に着くや、直ちに米蔵を開かせることとしたが、家臣たちは江戸からの正式命令がないといって、容易に開こうとせず、評定を繰り返すのみであったが、尊徳の至誠溢れる説得により、直ちに蔵を開くことになった。

尊徳はさっそく救済の準備に取り掛かり、一村ごとに無難、中難、極難の三つに分け、極難者には一人一日米二合、中難者には米一合を与えていった。ところが彼が救済に奔走している間に藩主忠真が亡くなったのである。尊徳は悲しみの中にあって不撓不屈の信念で全力を尽くし、ついに領内三百七箇村に餓死者を出すことはなかった。

藩主忠真が亡くなった後、代わって孫の忠懿が藩主となった。忠真は遺言して、尊徳に仕法を実施せしめることを命じていた。そのために、藩は尊徳に仕法の実施を命じたが、それは形式的なものであり、分度の確立を見ないものであった。が、彼は一・二の村に仕法を開始したところ、たちまち領内に広がり、しだいに七十二箇村に及んでいった。

ところが、尊徳が、天保十三（一八四二）年、幕府に普請役として登用されて間のない弘化三（一八四六）年、小田原藩は仕法の中止を決定し、彼が小田原に来ることも、また領民が彼の下に出入りすることも禁じたのである。しかし、彼を慕う領民は、密かに郷里を抜け出して尊徳を訪ね、その教えを請うたのである。

小田原に於ける仕法は、藩の重臣たちの理解を得られず、遂に廃止となったが、尊徳は桜町を中心として、仕法を実施していった。かれは救援の依頼があっても、簡単にはそれに力を貸すことはなかった。それは指導者から真に実行していく気持ちがないかぎり必ず失敗することを見抜いていたからであった。彼はその指導者の真意を見抜いた上で、仕法を実施していった。こうして復興していった所に旗本川副勝三郎の所領の常陸国の青木村（現茨城県真壁郡大和村）、大久保烏山藩の野州那須郡烏山（現栃木県那須郡烏山町）、常陸下館藩（現茨城県下館市）、細川藩の茂木（現栃木県芳賀郡茂木町）・谷田部（現茨城県筑波郡谷田部町）など、関東各地に広がっているばかりでなく、遠く相馬にまで及んでいる。また、大磯の川崎屋の復興など、個人の家の復興にも努力したのであった。

相馬藩（現福島県相馬市）における報徳仕法については、岩崎敏夫博士の『二宮尊徳仕法の研究』

（改題『二宮尊徳の相馬仕法』「国学研究叢書」第二編、錦正社発行）に詳しいので、ここでは一切省略するが、その仕法実施の中心になったのが、富田高慶と本書の著者である斎藤高行である。その相馬における仕法は、藩主以下の熱心な努力により、見事に成功したものであった。相馬における仕法は明治四（一八七一）年、廃藩置県により断絶することになったが、その間二十七年間に二百二十六箇村中、百一箇村に仕法を実施し、内五十五箇村は完成し、四十六箇村は継続中であったが、田畑の開墾千二百七十九町余、堤防の構築百余ヵ所、溜池堤の築造六百九十二ヵ所、水路の開鑿百八、賞与金六千六百七十両余、新家作給与五百七十三戸、破屋修繕八百八十一戸、蓄穀倉庫給与五十二宇、厩舎造与千五十三棟、灰小屋造与七百四十七棟、窮民救恤米給与一万四千八百二十俵金三百二十両余、備荒の為の米粟給与七万一千二百四十三俵、無利息米金貸与二万四百三十九両余・米一万五千俵、増収十万二千八百七十二俵、戸数増加千百三十五戸、人口増加二万一千七百十五人という成果を挙げたのである。しかもこれは目に見える部分の成果であり、その教化に果たした役割は絶大なものがある。相馬では昭和五十一（一九七六）年に制定された「市民憲章」に「報徳の訓えに心をはげまし、うまずたゆまず、豊かな相馬をきずこう」と述べられている。現在に報徳の精神が生き続いているのである。

さて、尊徳は天保十三（一八四二）年、尊徳五十六歳の時、幕府に登用され、勘定奉行所に属する御普請役格となった。この尊徳の幕府登用は、利根川の治水工事を担当させるためのものであったが、尊徳は現地を調査した結果、住民の和が第一であり、その為には長年月を要することを進言した。しかし、この進言は功を急ぐ幕府の採り上げるところとはならなかった。結局この工事は老中水野忠邦の失脚とも相俟って、わずか三箇月で二十五万両の費用を使いながら失敗に終わった。

天保十四（一八四三）年七月、尊徳は奥州小名浜（現福島県いわき市）・野州真岡（現栃木県真岡市）・野州東郷（同）の三つの代官所の属吏に任じられ、真岡陣屋に赴いた。が、特定の仕事は無く、その勤務地も一定しない所から、その年十二月「勤め方住居窺い奉り候書付」という書面を提出し、新しい任務に就くことを上申した。この結果、翌弘化元（一八四四）年四月、日光神領の荒地復興計画の立案を命じられた。尊徳は二十人余りの弟子を動員して、面接をも絶って全力を尽くすこと二年三箇月、ついに八十四巻に及ぶ厖大な仕法雛形（仕法の基準書）を作成したのである。この雛形作成に、尊徳はその心血を注ぎ込んだのであり、やがて弘化三（一八四六）年六月、六十巻に縮小して、幕府に提出された。

その後尊徳は再び真岡に戻り、嘉永元（一八四八）年八月からは棹ヶ島（現茨城県下館市）に仕法を命じ、嘉永三（一八五〇）年には、花田村（現茨城県関城町）を初め十四箇村に仕法を実施した。

嘉永六（一八五三）年二月、尊徳は日光神領仕法実施の命を受け、日光奉行所に転じた。日光の神領は九十一箇村に及ぶ広大な地域であったが、当時四千町歩の田地のうち、九百三十四町歩の荒地があった。すでに六十七歳の尊徳は、病に罹り、治療中であったが、その全快を待たず、仕法準備のために活発に行動し、六月下旬には日光に登山し、七月の初めからは村々の回村を始めた。病後の身体を案じた奉行は駕籠に乗ることを勧めたが、これを断り、疲れると路傍の石の上に休んだり、草原に休息したりしながら巡回を続けた。日光領は東照宮の神領地であり、祭田地であるため、年貢は常に一定であり、田地が荒れても減税は無く、反対に開拓しても増税は無かった。尊徳は今までの諸国復興の為に活用してきた報徳金を日光復興の資金として、役所の貸付所に預け入れ、その利子をもって開発を図る助貸金制度を創案し、復興の期間を三十年とした。相馬藩主はこの時、相馬仕法成功の恩に報いるために、五千五百両を十年年賦で献金した。

翌安政元（一八五四）年二月、尊徳の嫡男弥太郎も御普請役見習に任命され、日光仕法はその雛形の通り、着々と実施され、翌安政二（一八五五）年四月には、今市に官舎もでき、尊徳は一家でここに移り、神領の復興に全力を尽くした。が、尊徳の病状は一進一退が続いた。尊徳は、其の年十二月末の日記に、

予が足を開け、予が手を開け、予が書簡を見よ、予が日記を見よ、戦々競々深淵に望が如く、薄氷を踏むが如し。

と、曽子の言葉に「予が書簡を見よ、予が日記を見よ。」という二句を付け加えた遺言ともいうべき言葉を記している。

安政三（一八五六）年二月、尊徳は御普請役に任命されたが、その病状は日増しに悪化の一途を辿り、十月二十日、遂に七十歳の生涯を閉じたのである。

尊徳は、病中も口述により、日記を書き続けたが、その末尾に「畢」と一字書き、次の言葉を残した。これこそ尊徳の弟子に対しての遺言であった。

鳥の将に死なんとするや、其の鳴くこと哀し。人の将に死なんとするや、其の言ふこと善し。慎むべきかな、慎むべきかな小子、速やかならんことを欲する勿れ、速やかならんと欲すれば、則ち大事を乱る。勤むべきかな小子、倦むこと勿れ。

と。

遺体は今市如来寺境内の杉木立に葬られ、遺歯と遺髪は父母の霊の眠る栢山の菩提寺善栄寺に葬られた。法名は「誠明院功誉報徳中正居士」。

尊徳の歿後も弟子たちの手によって日光仕法は続けられていった。が、やがて明治維新を迎え、幕府が崩壊したために、その仕法も廃止の止むなきに至った。が、慶応四（明治元・一八六八）年までの十五年間の実績は、予定の半分の四百八十三町歩が開拓され、表彰を受けた者八百九十四人、救助された者八百七十五人、無利息金を受けた者五千百二十六人を数え、その他堤防・橋・道路などの多数の土木工事が行われている。

その後、尊徳を仰ぐ人々により、その誕生の地の小田原と終焉の地の今市に報徳二宮神社が建立され、今日も篤い崇敬を受けている。

参考文献

富田高慶著『報徳記』(『二宮尊徳全集』三十六巻所収)
佐々井信太郎著『二宮尊徳伝』(経済往来社発行)
黒田博著『二宮尊徳の生涯と報徳の思想』(報徳学園発行)
岩崎敏夫著『二宮尊徳仕法の研究』(改題『二宮尊徳の相馬仕法』「国学研究叢書」第二編、錦正社発行)

二、斎藤高行小伝

本書の著者である斎藤高行は、字を伯順、通称を久米之助と称し、相馬藩士斎藤完高の長子として、文政二（一八一九）年十月二十二日、中村城下に生まれた。母は西内氏。祖父の嘉隆は、藩主三代に仕え、忠勤の士と称され、子女の訓育に意を用い、一家の学徳は衆に勝れ、一藩の亀鑑と噂された。即ちその長子の完高は博覧強記、学徳に勝れ、公務の余暇に相馬の歴史である『奥相志』や『相馬衆臣系譜』二百数十巻を著している。また次男は、二宮尊徳の高弟富田高慶である。高行は、その完高の長子として生まれたが、隆陸・高教の二人の弟があった。隆陸は、剣道の達人で海東氏を名乗り、高教は二宮門下の逸材として相馬仕法に力を尽くした人物である。

斎藤高行は資性剛邁沈毅にして卓識があり、文筆を好み、幼時から成人の風があり、時人の眼を惹いたと伝えられている。天保六（一八三五）年九月、十七歳にして諸士系譜助調を命ぜられ、系図百余巻を作成した。やがて藩主相馬充胤の抜擢を受け、天保十一（一八四〇）年四月、江戸留守居役書役として、江戸遊学の命を受け、書の大家である坂川平学について学んだ。その門にいる間、ほとんど寝食を忘れ、夜寝るにも褥につかず、机に寄り掛かって僅かに一睡をとるのみであったという。坂川門にあること三年、天保十四（一八四三）年三月、溝口流書法伝を受け、さらに翌弘化元年には脇本氏書法伝を受けた。藩主はこれを賞して加増した。

翌弘化二（一八四五）年、坂川門人である桶町の木村方に移って修行している時、日光仕法雛形取調書類の浄写の依頼を受け、西久保宇津邸の二宮事務所に出入りしていたが、二宮尊徳の謦咳に接し、その入門を期していた。一方尊徳の方にあっても、弘化元年の十一月に相馬仕法発業が決定し、富田高慶は健康回復を待って帰国し、二宮尊徳に代わって仕法を実施することが決していたが、日光仕法雛形の創作は未だ完了しておらず、人手不足であり、高慶の不在中、これに代わる者が必要であった。たまたま高慶が病床に臥すこととなったのを機に、看護を兼ねて高行を招くこととし、相馬藩にその旨を申し入れがあり、九月二十二日、それが了承された。そのことは二宮尊徳の日記の同日条に、

富田久助甥斎藤久米之助、桶町住居罷在候処、当夏以来度々書物等差遣相頼申候処、此節富田氏病気傍、かん病ながら罷出居候ても可然哉之段、先日相馬屋敷平成相咄候処、今夕刻当方へ罷出、かん病ながら幾久敷御手伝致居候旨にて罷越候事。

と記されていることにより明瞭である。

かくして斎藤高行は、二宮尊徳の門に入り、日光仕法雛形取調書類の浄写を中心として、尊徳の片腕として仕法関係の事務また実務に従事していった。弘化三年六月には日光仕法雛形八十四巻が完成し、それを六十巻に縮めて幕府に提出されたが、その提出されたものは、すべて高行の筆であったと

いわれている。

彼のその後の行動の主なものをあげるならば、弘化四（一八四七）年十月には、仕法書送達のため下野東郷に赴き、翌嘉永元（一八四八）年まで滞在したが、江戸の富田高慶が病臥するに及び出府して、西久保邸に居り、同年十一月一時帰国し、翌二年四月十一日、東郷に到着し、以後東沼、横田、棹ヶ島その他の仕法発業に従事し、鋭意尽力し、嘉永四（一八五一）年十一月一日、老母に対面という名義にて帰国した。

相馬藩においては帰国した斎藤高行に対し、十二月二十六日御仕法掛代官席を命じられた。しかし、高行は固辞して応じなかった。これは彼が分不相応な重要な役職に付くことによって、相馬藩をあげての仕法実施の遂行に障害を為すことを慮ってのことであったと思われる。そして、これは高行の信念であった。そのことは本書に於いても、

職禄高崇なれば則ち怨望必ず帰す。餉器を棄つれば則ち蝿集の患無く、職禄を去れば則ち怨望頓に解く。大夫苟も其の衰廃を興さんと欲せば、則ち先づ職禄を辞し、閑家具は論ずる無く家宝重器と雖も之を鬻ぎ、以て荒蕪を墾し、僅かに其の産米を以て自奉と為し、小臣貧士と衣食を同じうし、日夜孜々として此に従事せば、則ち必ず曰はん、憂国の大夫、尚ほ重禄を辞し墾田を以て自奉と為し、衣食我に如かざるなり。我豈に徒然として禄を食むべけんや。況んや禄の減少、固より其の所なりと。徒食の耻心勃然として興り、減禄の怨心釈然として解く。而して小大各々其

の分を知り、其の貧に安んず。（中略）大夫一たび禄位を辞して、一国の士自づからその分を知り其の貧に安んず。是れ大業其の終はりを慮りて功を全うするの道なり。（全功上）

と述べ、また、

大業に任ずる者、必ず先づ禄位を辞し、澹泊に甘んじ、節操を厲まし、賞有りと雖も之を辞し、夫れ夙夜黽勉、千酸萬辛を盡す所以のもの、惟だ惟だ世々沐する所の君恩に報ゆるのみ。（中略）世禄を辞し位官を避けて原野の生草を食む、是れ臣にして臣に非ず。士にして士に非ず。一身全国の分外に在りて興国の大業に任じ、国君の仁政を助く。是れ屋上を下りて其の覆を興し、素餐を去りて其の廃を挙ぐるなり。然らば則ち何の大業か成らざらん。何の成功か全ふせざらん。（全功中）

と述べ、さらに、

大業に従事し、其の成功を全ふせんと欲する者、宜しく禄位を辞して身に奉ずるに綿衣飯汁を以て度と為すべきなり。夫れ綿衣飯汁は、吾が身を助くものなり。其の余は則ち戈を倒にして我を責むるのみ。（中略）大業を成さんと欲する者、綿衣飯汁を以て身を奉じ、賄賂を禁じ請託を絶ち、禄位を辞し、以て高く度外に出で、独り世々浴する所の君恩に奉ずるを以て念と為し、俛焉以て力を盡さば、則ち縦令微力なるも、其の験必ず著れ、遂に衰邑を興し、廃国を挙げ、其の成功を全ふするに至る。（全功下）

と、繰り返し官職を辞することを述べていることによっても窺われるところである。

なお斎藤高行が御仕法掛代官席を命じられ、これに応じなかったという記述は、『二宮尊徳全集』第三十六巻の「斎藤高行小伝」に従ったのであるが、『報徳秘稿』所収の武岡充忠氏の「斎藤高行先生伝」に於いては、「先生帰国以来仕法掛代官席の命を蒙り、日夜領民興復の途を講じ精励筆紙の尽くす所にあらず。」とあって、御仕法掛代官席の任には就いたことになっている。が、同書は、これに続けて、

　相馬侯深く之を嘉し先生を興復頭取に挙げ任に就かしめんとす。先生固辞して拝せず。侯止むなく頭取の心得を以て勤務すべき旨を諭す。

とあり、斎藤高行の固辞したのは興復頭取の任であったことになっている。今はその何れが正しいか、判断の材料がないため、両説を併せ載せておくことにする。

が、その何れにしても、高行はその後叔父富田高慶を助けて、相馬仕法実現に全力を投入し、また尊徳との連絡にも当たったりしていった。本書はその間の安政元（一八五四）年三月、病臥中に執筆されたものである。

安政三（一八五六）年十月二十日、二宮尊徳は今市に於いて逝去し、富田高慶は、日光仕法の用務も多くなり、また眼疾を患うなど多病で、相馬の仕法の中心として活動しかねる状況となっていた。そこで安政四年十月、尊徳の一周忌に際し、高慶は藩当局と相談の上、高行を御仕法頭取・勘定奉行

席に任じ五十石を給すことにしたが、高行はこれを固く辞退した。為に藩では先に富田高慶が二町歩の荒地を開墾して富田家の生活費用としていた収入の内五十俵を手当とすることにした。然るに高行は、これをも辞退したので、よいように使えといわれて、五十俵の内飯米十俵と一両二分の雑用を頂戴し、残り全部を仕法種金として之を推譲したのである。ここに高行の特別推譲金ができた。これによって安政四年より明治三年まで貸付られた総額は千百六十八両余の巨額に達した。

慶応元（一八六五）年十月十五日、中村に於ては藩士に総登城が命ぜられた。仕法第三期となったので、これまでは本俸の三割八分の支給であったものを四割給付とし、下々までそれぞれ増俸が行われた。又さらに二十八日には仕法功労者に対して賞与が行われ、高行には増俸十石が予定されていた。然るに高行はこれを受けようとしない。家老の熊川兵庫や伊東発身、静慮庵慈隆等が何度勧めても先師の遺法一点ばりで遂には病と称して出仕しない。どうしようもなく家老兵庫も持て余し「君得て臣とする能はずとは、此男子の事に可有之候哉と嘆息仕候」と嘆息し、慈隆も「流俗に沈溺せず萬丑不牽の節操」と感嘆したといわれている。

その間に、富田高慶は今市に於いて二宮尊行（弥太郎）と相談し、自分は老衰であり、且つ多病であるのに、相馬の仕法はますます手広く多事で、自分の手に余るから、これを斎藤高行に代理させようということとなり、尊行から家老熊川兵庫に伝えられた。藩では十一月、富田高慶の代理ということで郡代次席に任ずると兵庫から申し渡しが行われた。然るに高行はこれをも辞退した。兵庫等が幾ら要請しても聞かず、遂に翌年の正月、尊行から、富田高慶の代理は先師の遺命であると諭されて漸く承諾した。が、これも仕事は引き受けるが郡代次席は固辞するということできりがついたのである。

斎藤高行はこのように、官職などについては全く就こうとはせず、専ら仕法の実務を担当していった。その間に世は大きく変化し、明治維新となったが、相馬の仕法はそのまま継続された。その間高行は、日光に赴くこともしばしばあったと思われ、明治元年六月六日には、二宮尊行に随行して中村に帰っている。その後、高行は相馬の興復局総裁に任ぜられ少参事に叙せられたが、いずれも之を受けず、その格を以て事業を継続していった。が、明治四（一八七一）年七月十四日、廃藩置県が断行され、相馬中村県は平県と合併して磐前県となることとなり、仕法は磐前県に継承され、相馬の仕法は終結することとなった。

この廃藩置県により、藩庁に於いて士族授産の問題が生じた。この時高行は富田高慶と共に、農民の余田を一反十五両で購入して、これを配当して村々に土着せしむることを主張し実施された。これには最初、農民の反対が危惧されたが、仕法の恩徳に報いる時と誰も異議を唱える者が無かった。これは高行が下情に通じ、その処理を誤らなかったことによるものと皆その至当の裁量を称賛したという。

それ以後の斎藤高行については、『二宮尊徳全集』第三十六巻の「斎藤高行小伝」では仕法終結の報告のため上京した時、西郷・伊知地などが仕法を鹿児島に移そうとしていたので、薩侯自ら道を聞き、且つ大官に任じようとしたが、高行はこれを逃れて国に帰ったとか、また品川弥次郎が相馬仁政の跡を慕い、高行を訪わんとしたが、高行は隣村に逃れたということが記されている。

明治六年高行は旧藩主より一家の内務を監すべき内命を受け、旧興復館に少草廬を営んで新生活を始めた。その草廬は書斎・茶の間・納戸・台所の四室より成る極手狭質素な建築であり、外観内部とも何らの装飾の無いものであった。書斎は六畳であり、その周囲には和漢の書籍が積み重ねられ、ほとんど膝を入れる余地しか無かったといわれている。高行はその書斎に於いて終日、報徳の教えを記述することを常としていったという。

が、その間、磐前県に継承されることとなっていた仕法は、富田高慶の努力に関わらず、開墾助貸法のみの「公金を仰がずに出来る方法」であったが、富田高慶を中心として実施されているから、高行もこれに関係していたであろうことは充分に想像できるところである。ところが、この磐前県に於ける仕法も、明治九年、磐前県が福島県に合併されることとなり、官営による仕法の実施は不可能な時勢となっていった。そのために富田高慶は民営による仕法の実施を計画し、明治十年七月中央政府より許可が下り、興復社が組織され、社長に富田高慶、副社長に高行が就任した。が、間もなく高行は其の地位を二宮尊親に譲っている。が、高行はその後も興復社の事業に努力していったものであろう。

やがて明治二十三年富田高慶が亡くなった後、興復社の改革を唱えたが入れられず、止むなく脱社し、相馬報徳社を設立し助貸法を実施していった。高行が助貸法に力を入れたことは、武岡充忠氏の「斎藤高行先生伝」に、「先生は此の無利息助貸法こそ報徳の大途にして、推譲の大徳自然に行はるるものとなせり」と、努力していき、その恩恵に預かった「地方窮民、其の数幾百千なるを知らずと云ふ」と記されている。

その後、高行は晩年になって中村から西南数里離れた新田川上流の大原村に隠棲し、大原山人と号し、客を謝し僅かに村人と農事を談じるを楽しみとし、詩を作るなどの悠々自適の生活を送り、やがて明治二十七年六月十二日、七十六歳の生涯を閉じた。中村の蒼龍寺東同慶寺の斎藤家代々の墓所に葬られた。隣に二宮文子（二宮尊徳の娘で叔父富田高慶の妻）の墓がある。戒名は無能院冀直了愚居士という。後世、富田高慶・福住正兄・岡田良一郎と共に二宮門下の四大人と称せられている。

著書には本書の他に、一般に知られているものとしては『二宮先生語録』がある。これは福住正兄の『二宮翁夜話』同様、二宮尊徳の講義・談話を筆禄したものであり、全五巻四百七十一章よりなっている。これも、『報徳外記』同様漢文で書かれているが、これは尊徳門人に、漢文を草しうる者の有ることを証するためであったといわれているが、斎藤高行は、尊徳門下の中にあって文筆の筆頭であった。その学識は、ある時孫の孝を連れて羽黒鉱泉湯治に出掛けたが『大学』を忘れ、手書してそれを読ませたが、帰宅して原本と照合したところ、わずかに四字だけの間違いであったということからも理解できるところである。

その他には『報徳秘稿』二巻・『大原詩稿』・『大原遺稿』二巻などがある。『報徳秘稿』は『二宮先生語録』の草稿といえるものであり、仮名混じり文である。また叔父富田高慶の斎藤高行宛の手紙なども収録しており、その史料的価値は高い。長らく高行の遺言として公表されなかったが、二宮尊徳百二十年祭にあたり、昭和五十一・二年に斎藤高行の子孫である海東文夫氏により上下二巻として発行された。また『大原詩稿』の一部分は、『斎藤高行先生事歴』や『報徳秘稿』に掲載されている。さらに『大原遺稿』は、斎藤高行が晩年にそれまでに記した雑稿をまとめたものであり、昭和四十六年に加藤仁平氏によって編纂された『二宮尊徳全集補遺』（報徳同志会発行）に収録されている。

斎藤高行の伝記としては、『二宮尊徳全集』第三十六巻にその小伝があり、また斎藤高行五十年祭に際して発行された佐藤高俊氏（富田高慶子孫）執筆の『斎藤高行先生事歴』・『報徳秘稿』所収の武岡充忠氏の「斎藤高行先生伝」があるが、『斎藤高行先生事歴』は、全集の小伝を下とした簡略なものであり、また「斎藤高行先生伝」は、直接斎藤高行に教えを受けた人物による伝記であり、高行の面目を知る上には役立つが、残念ながら年代の記述が無く、不明な部分も多く、未だ完全な伝記は存在しないといってよい。その原因は、「海東家には高行関係の書類は多数保存されているものの、その殆どが未整理の状態」（佐藤高俊氏談）による。本稿も、その為に不十分な記述となっている。一刻も早い史料整理が望まれるところである。

三、『報徳外記』の概略

『報徳外記』は、その跋文に記されているように、斎藤高行が安政元（一八五四）年春三月、病気療養中に、二宮尊徳に「親ら聞く所の要道を記し」その学恩の「万一に報ぜんと欲」して執筆されたものである。その題名を『報徳外記』とした理由は明確でないが、『二宮先生語録』もその原稿は巻四までは『続報徳外記』とあるところよりして、『二宮尊徳全集』巻三十六の解題は「外記といふのは内記に対する意味であらう。内記は内局の司所である、この意味を推及すれば、恰も外史の私史たる如くに私記であつて、敬虔なる著者の面影さへ見ゆるのである。」と述べているが、恐らくはそのいうように私記の意味で「外記」と称したものであろう。

本書は執筆当初その跋文に「深く諸を巾笥に藏して、以て同志の是正を竢つ」と記されているように発表されなかった。それが出版されたのは明治十八年九月駿河東報徳社より福住正兄の努力によって木版で刊行されたのが最初である。この時、福住正兄は元田永孚に序文を請うている。その序文は漢文で書かれているが、便宜上書き下し文にして次に掲げることとしよう。

経国の要は勤倹に在り、勤倹の実は用を節し人を愛す。済世安民の道、是を舎《お》きて他に求む可からざるなり。世の経済を言ふ者、専ら貨利を殖す。道徳を言ふ者、徒に空理を談ず。是れ、あに先王の道ならんや。近世尊徳二宮翁。経済の道に達し、之を行ふに一に至誠に出ず。門人富田高慶、報徳記を著し、具に其の嘉言懿行を録す。皇上叡覧し特に之を嘉尚し給ひ、以て海内の守令に頒布せしめ、将に施用する所有らしめんとし給ふなり。同門斎藤高行、又報徳外記を著す。論述演繹、以て翁の奥旨を慮らしむ。蓋し又有用の書なり。福住正兄、諸を梓に上せ、世に広布せんと欲し、序を余に索む。夫れ経国の道は一日も講ぜざるべからず。而して其の要を最擇せずんば可ならざるなり。方今経済の学問日に開け、財政の用益々広し。然るに其の要を得る者或いは鮮し。苟も其の要を得ざるや、民を利せんと欲して反つて之を害する者有り。翁の言の若きに至りては、則ち実を務めて源を覈べ、本末並び挙げ、百を得て一を失ふ無き有り。済世の志有る者、取りて茲に則らば、其の差はざること庶幾からんか。余も亦翁の説を信ずる者なり。此の書の成る、之を書して序と為す。

明治乙酉晩秋

一等侍講正五位勲三等元田永孚撰并書

その後、井上哲次郎博士編纂の『日本倫理彙篇』第十巻に収載された。昭和六年発行の『二宮尊徳全集』第三十六巻には、先の明治十八年に駿河東報徳社より刊行された木版本を本に収録されている。

さらに昭和八年には大日本報徳社より発行され、次いで昭和十五年には『日本学叢書』第十三巻として雄山閣より出版された。これは、平泉澄博士が解説をし、松本純郎氏が校訂をし、さらにそれを書き下しにすると共に必要事項に注釈を施したものである。また、佐々井信太郎氏により、昭和十年以降本書を口語訳した『口訳報徳外記』が「報徳文庫」版として出版された。戦後に於ては昭和二十三年に鴨志田秀男氏訳の『訳文報徳外記』が茨城県勝田町報徳研究会より発行され、また佐々井典比古氏による本書の現代語訳したものが、昭和三十年に『訳注報徳外記』として一円融合会より「現代版報徳全書」の第六巻として出版されている。

本書は上下二巻、命分・分度・盛衰・興復・勧課・挙直・開墾・治水・助貸・備荒・教化・全功・報徳の十三項目より成っている。そのそれぞれに於いて説く所は以下のようである。

先ず第一章「命分」に於ては、天地万物は悉く、それぞれ自己本来の命分を以ており、この命分のままに存在し、生成し、活動し、発展するのが天地自然の道である。禽獣や草木からして既にそのとおりである。ましてや人間たる者、各々自己が享受している現実実地の命分を真に自覚して、万事これに従って行動すべきことを説く。

第二・三・四章「分度」に於ては、先ず人間は分を守ることが人道の根本であり、分を守る為には度を立てて節制することの大切さを説き、次いで分度を本として勤―怠、倹―奢、譲―奪の別が生じ、更に之によって一国の貧―富、盛―衰、治―乱、存―亡が左右される理由を述べ、この勤怠倹奢、治乱盛衰は四時の循環の如く、これを自然のままに放置すれば自ずから栄枯盛衰流転して止まる所を知らないが、一度人道によって之を制御すれば、永久に勤倹富盛を持続することができると説き、その方法として中庸の分度を守るべきことを論じ、更に人間が単なる生理的存在としての人間から、真に人格を自覚する「人」として永遠の発展を望む時には、倫理道徳の確立が必要であり、これを厚生の面に於いていうならば中庸の分度に法る道となるのであり、この道を外にしては絶対に人間無窮の発展は有りえないことを天下の道路に譬えて説いている。

第五章「盛衰」は、前段を受けて分度の必須不可欠である理由を強調し、天下の盛衰は一にかかって分度の守失によることを論じ、政治に当たる者の考えるべきことを述べている。

第六・七・八章「興復」は、農村焦眉の問題に向けられ、経済生活の基本である農村の復興が第一であることを述べ、農村の衰廃を復興するためには、必ず中正自然の数によって国家の分度を立て、郡邑の租法を定めるべきことを説き、更にその復興の具体策として賞善・賑窮・盡地力・教化・貯蓄の五つを挙げている。

第九章「勧課」は、衰邑の復興には先ず懶惰を起こし人心を正す必要があり、その手段として索綯日課法が最も効果があることを述べている。

第十・十一章「挙直」に於ては、廃国衰邑を復興するためには、先ずその人心を作興して、勤倹精励にすることが大切であり、その為には、投票によって一邑中の正直にして勤勉な者を挙げて之を賞し、全邑の模範とすることを説いている。

第十二・十三章「開墾」に於ては、国は農を基本とするから、農を興す為、荒地を開墾して、地力を尽くすべきこと、及びその具体的方法を述べ、戸口の増減もこれによることを述べている。

第十四章「治水」は、田畑に欠くことのできないものは水であり、亦田畑を害するのも水であるから、治水事業こそは国家にとって極めて重要なものであることを述べている。

第十五・十六章「助貸」に於ては、国家の患いは負債より大きなものはなく、これを救うには助貸の法しかないことを述べ、この助貸法の精神こそは、世のあらゆる経済問題を根本的に解決するものであることを説き、その実施法について述べている。

第十七・十八章「備荒」に於ては、凶作に備えるための法、及び備荒の充分でない衰廃の国を飢饉から救う方法を述べている。

第十九・二十・二十一章「教化」に於ては、民を導くには教化と養育とが相伴って行われなければならないこと、そのためには指導者が自ら実践躬行すべきことを説き、その第一着手として鶏晨回邑の効果あることを述べ、誠実でもって一貫すべきことを説き、人はその天分の本然よりして貧富相和すべきことを説いている。

第二十二・二十三・二十四章「全功」に於ては、国家復興の大業を完成するためには、先ず国家復興の大業にあたる大夫は自ら職禄を辞し、身を艱苦にさらして奮闘すべきであり、役人にその人を得ることの大切なことを力説し、真に利己心を脱却し、艱苦に甘んずる人手なければ大事に与かることができないことを述べている。

第二十五章「報徳」は全編の結論として、報徳の道を掲げ、これを施すには内より外へ、近くより遠くへ及ぼすべきことを説き、遂には海外万国をもこの道の下に心服せしむべきことを論じている。

以上の如く本書は、江戸時代後期、飢饉相次ぎ農村の疲弊甚だしかった時に於いて、二宮尊徳が行った農村復興の神髄を具体的に述べたものであり、本書が所謂行政仕法の理論書と称される所以である。

が、本書は単に農村復興のための理論書であるに止まらない。これを現代企業の経営に充てはめていくことは勿論のこと、今日の国家行政に於いても検討すべき内容を豊富に含んでいるのである。ことに、本書は人間の根本を明確に論じたものであり、今日の道徳否定の世の中にあって人間の生き方を考える上に於いて最も重要なものといってよい。すなわち本書の眼目は、その最初に記されている「我が道は分度に在り矣」の一句と最終章の「我が道は報徳に在り矣」の一句である。

分度は先ず命分から考える必要がある。命分というのは運命天分のことであり、自然界を見るにそれぞれ運命があり、天分が定まっている。天は天であり、地は地である。植物にしても動物にしてもそれぞれその運命に従って生活しているのである。それに逆らい、水中に生活しているものが陸に上がろうとするならば、必ずその生活を全うすることできない。人間もその原則から逸脱することができる道理はない。あらゆるものには運命・天分が存在しているのである。このような分の思想が、我が国に於ては古くから考えられ、道徳の根底を為していたのである。それを自覚し、その立場を守ることが分度である。それが道徳の根底であり、経済の基調であることを懇切丁寧に述べているのが本書である。そして上は王侯より下庶人に至るまで、各々それの天分に止まり、節度を立て、勤倹を守り、分外の財を譲ることが、天地人三才の徳に報いる所以であるとの結論が「我が道は報徳に在り矣」の一句である。徳とは恩をいう。二宮尊徳は「徳の異名を恩と謂ふ、恩の根本は徳なり」と説いているが、この徳（恩）に報いるということを尊徳は人生究極の目標としたのである。

この恩という思想は東洋の思想であって、西洋にはほとんど存在しないものである。しかしながら同じ東洋に於いても、インドやシナに於いては、或いは三恩といい、四恩といって、その恩の思想はいくつかに分裂している。が、我が国に於ける恩は、皇恩に収斂されている。北畠親房の『神皇正統記』には「朝夕に長田狭田の稲のたねをくふも皇恩なり。昼夜に生井栄井の水のながれをのむも神徳なり。」とあるが、この神徳とは皇祖神の徳であり、皇恩と同じことをいっているのである。天地間一切の事物に対して恩徳を感じ、その恩徳が全て皇恩に帰一しているのが日本人の考え方である。そしてその皇恩に報いることが忠である。そこに日本人としての道徳の根本が生まれるのである。尊徳の歌に「天つちの神と皇との恵にて、世をやすらふる徳に報えや」とあるのはそれを物語っている。

今日の社会の混乱は、自らの分を忘れ、恩に報いることを忘れ、自由・平等を唱え、権利のみを主張する処に根本原因が存在する。政治も経済も教育もあらゆる面においてそうである。その混乱を正していこうとする時、その最もよりどころとなるものは、実にこの『報徳外記』に他ならないのである。

あとがき

本書の草稿を認めたのは、今から十余年前のことであった。当時は未だバブル経済絶頂の時であり、「消費は美徳」と持て囃され、人々は経済の発展は永遠に続くものと浮かれていた。しかし、その経済発展の夢は瞬く間に破れてしまった。今や国家は膨大な借財を抱え、会社は倒産が相次ぎ、失業者も五％台となり、デフレ・スパイラルに陥ろうとしている日本経済の復興に人々は四苦八苦する状況となっている。

しかも、それは単なる経済の問題だけに止まらず、国家目標の欠如、政治の腐敗、青少年の凶悪犯罪の急増に代表される教育の荒廃など、社会は混迷の度を深め、社会全体の閉塞感は国家の活力を沈滞させ、そのトンネルの出口は容易に見えてこないのが現状である。

小泉首相は、「構造改革」を唱え、国家再生を実現させようとして、国民にも「痛みの共有」を訴えている。しかし、その「構造改革」はその内容にも不明な点が多く、また、反対する人々もあり、国民全体の賛同を得ているとはいいえない。

本書の草稿を認めた当時、出版をも考え、その「あとがき」をも記したのであった。それは次のようなものであり、その日付は平成二年十一月十八日であった。

私が斎藤高行の『報徳外記』の存在を知ったのは、昭和四十七年六月十一日、住吉大社に於いて行われた楠公祭に於ける平泉澄先生の御講義に於いてであった。その後、日本学協会発行の雑誌『日本』に於いて日本の古典解説のコーナーが設けられ、その古典の一つとして本書が取り上げられ、その解説を私に命じられた。が、当時、私は本書を通読することはしておらず、通読する必要に迫られたのである。しかし、本書は漢文であり、通読も容易ではない。しかも、単に通読するのみでは、容易に解説を書くこともできないところから、これを書き下し文にし、さらに現代語訳をし、また難解な語句には注釈を付けることに決したのであるが、現代語訳や註釈にまでは手を回すことができなかった。その為に止むなく簡単な解説を記してその責を果したことであった。が、その後は、校務に取り紛れ、本書のことは長らくそのままにしていたが、本書のことは常に気にはなっていた。最近になって小閑を得てようやく長年の責を果たすことができたのである。

本書執筆の中で、最も思い出となるのは、平成二年八月下旬に斎藤高行の故郷である福島県相馬市を訪ねたことである。町は想像以上に質素な町であったが、今も人々は尊徳翁を「二宮先生」と呼んでいることには驚きと畏敬の念を覚えたことである。その地に於いて富田高慶の子孫である佐藤高俊氏に御目にかかることができ、種々御教示を頂いたことや、相馬市図書館の方々の御親切は忘れることのできないものである。

また本校の前校長の黒田博先生には原稿を丁寧に校閲頂き、誤りを訂正して頂いた。篤く感謝するところである。

ただ、今最も気掛りなことは、本書の著者である斎藤高行の伝記が不十分なことである。今後、史料を博捜して、本格的な伝記の執筆を期したいと思う。


しかしながら、その当時の状況、また本書に対して私自身が一つの疑問を持つに至ったことから出版を決断するには至らなかった。その疑問とは、本書は果して著者のいうように安政元年三月執筆のものであるか、ということであった。そこで時間を見て尊徳翁の日記を繙き始めたのであるが、その後、母の死（平成四年六月）、阪神大震災（平成七年一月）等があり、さらに平成八年には報徳学園高校の勤務から現在の勤務に変わるという私自身の環境に大きな変化があり、疑問の解決を実現させる事なく現在に及んでいることが、本書の出版を遠引させてしまう結果となった。

しかし、今日の我が国の有り様を見るにつけ、この『報徳外記』こそは国家再建の教本であり、願わくは本書を出版することにより国家再建への一助にもという気持ちが急激に高まってきたのである。その著作時期についての疑問は存するものの、それは本書の価値を損なうものではありえないことから、意を決して本書を世に出すことにしたのである。

念えば、本書は二十五年に渉った報徳学園における勤務、殊に今は亡き大江清一理事長から、種々お教え戴いたことが基礎となってできたものである。その学恩に感謝申したい。

最後に、口絵写真として岡本秋暉筆尊徳坐像の掲載を快く御許可下さり、便宜を与えて下さいました報徳博物館の草山昭館長（報徳二宮神社宮司）、及び本書の出版を引き受け、前著『建武の中興―理想に殉じた人々―』に続き、国学研究叢書の一に加えて戴いた錦正社中藤政文社長に篤くお礼申し上げます。

平成十四年二月念六日　　五十四歳の誕生の日　記す

堀井純二

編著者略歴

昭和23年２月奈良県橿原市に生まれる、昭和45年３月皇学館大学文学部国史学科卒業，昭和 47 年３月皇学館大学大学院文学研究科修士課程修了（国史学専攻），昭和46年９月報徳学園高等学校講師，昭和48年４月報徳学園高等学校教諭，平成８年４月日本文化大学専任講師，平成14年４月日本文化大学助教授（現任）。

〔主要著書・論文〕

『八坂神社記録・文書地名索引』（共編，神道史学会），『日本の復活』（兵庫県教師会），『正説日本史』（共著，原書房），『式内社調査報告　第三巻　大和国Ｂ』（共著，皇学館大学出版部），『大阪教師会三十年史』（大阪教師会）『建武の中興―理想に殉じた人々―』（錦正社），『「講孟箚記」に学ぶ』（幽顕国史教室），『欧米の世界支配と現代』（錦正社　平成11年）その他論文多数。

〔現住所〕〠 229-1131 神奈川県相模原市西橋本１丁目 20-12
ドラゴンマンション橋本十壱番館 406 号
電話 042-774-7759

《国学研究叢書》

訳註《やくちゅう》　報徳外記《ほうとくがいき》

平成十四年七月二十日　第一刷
平成二十六年十一月三日　第二刷

※定価はカバー等に表示してあります
※第二刷より並製本に変更しました

著者　堀《ほり》井《い》純《じゅん》二《じ》

発行所　株式会社錦正社
〒一六二―〇〇四一
東京都新宿区早稲田鶴巻町五四四―六
電話　〇三（五二六一）二八九一
ＦＡＸ　〇三（五二六一）二八九二
ＵＲＬ　http://kinseisha.jp/

印刷所　株式会社平河工業社
製本所　株式会社ブロケード
装丁　吉野史門

ISBN978-4-7646-0260-1

『国学研究叢書』刊行の辞

人間疎外から人間性の回復が叫ばれて年すでに久しい。人間性の回復とは、われわれ日本人が日本人らしく生活するということをさす。これは生命の畏敬から発し、相互信頼の上に立って、人類社会を結ぶ共通の紐帯となるものである。

人間疎外の原因は、西欧文明がもたらした必然の「公害」であるが、とくに科学至上主義の信仰があずかって力がある。人間に奉仕すべき科学が人間の王座にすわって、人間を駆使しているからである。未来学は流行するも、脚下を照顧し、自己をみつめて今後に処する工夫を知らない。こうして「魂なき繁栄」の病める社会が発生し、人間同志の不信が増大しつつある。教育の不在時代といわれるゆえんである。

人間の回復は、心の糧をとって自立の姿勢をとりもどすことに始まる。それはまず「まつり」の精神から発し、それの社会化にある。祭政一致の文明の伝統こそ、わが国のよって立つ基盤であり、これを「日本の学」あるいは「国学」といって差支えない。それはわれらが、われらの祖先と対面することによって、真実の自己を確かめ、生きる活力を与えられるものにほかならぬ。したがって、ここにいう国学とは、ひろく日本文化を育て、それに貢献のあった諸学をさすのであって、限定された狭義の国学とは違うものである。

こうした意図の下に、小社はここに「国学研究叢書」の企画を発表し、俗流マスコミとはなれて、真に心の糧となるべき良書の刊行にふみ切った。願わくは、小社の出版報国の微志をくみとられ、心からなるご支持ご援助を期待してやまない。

昭和四十四年七月

錦正社

敬白